Impressum
Verlag: BABADADA GmbH, Nedderfeld 112 , 22529 Hamburg
Geschäftsführer / Verlagsleitung: Harald Hof
Druck: Books on Demand GmbH, In de Tarpen 42, 22848 Norderstedt

Imprint
Publisher: BABADADA GmbH, Nedderfeld 112 , 22529 Hamburg, Germany
Managing Director / Publishing direction: Harald Hof
Print: Books on Demand GmbH, In de Tarpen 42, 22848 Norderstedt

σχολείο
Schule

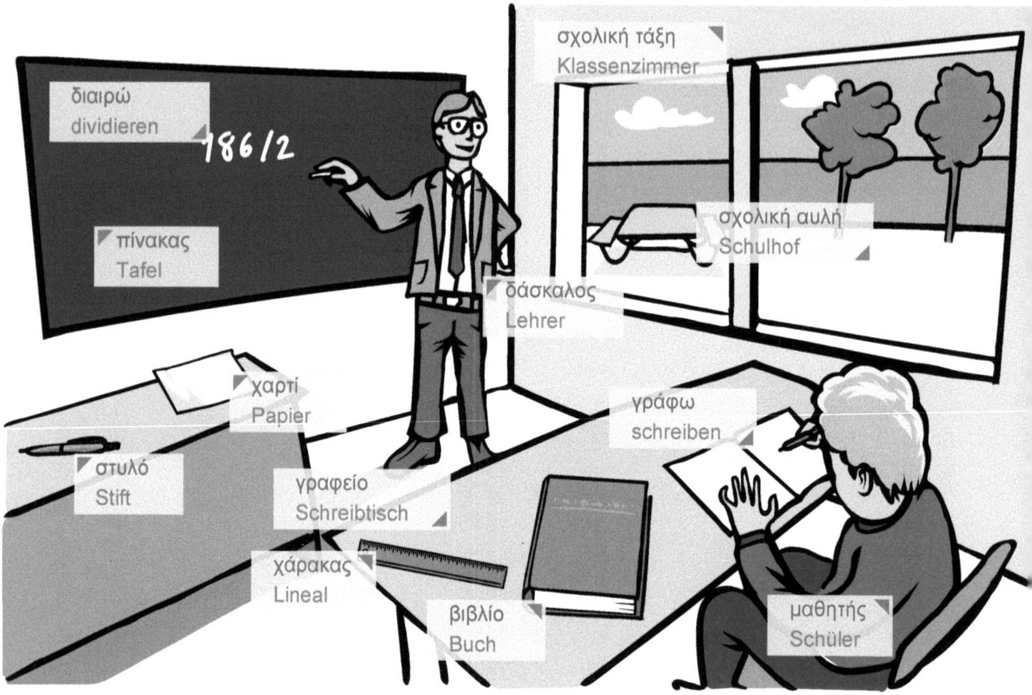

σχολική τάξη
Klassenzimmer
διαιρώ
dividieren
186/2
πίνακας
Tafel
σχολική αυλή
Schulhof
δάσκαλος
Lehrer
χαρτί
Papier
γράφω
schreiben
στυλό
Stift
γραφείο
Schreibtisch
χάρακας
Lineal
βιβλίο
Buch
μαθητής
Schüler

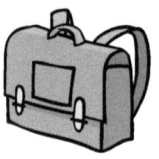

σχολική τσάντα

Schultasche

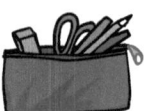

κασετίνα/ μολυβοθήκη

Federmappe

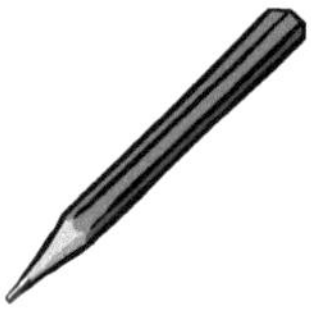

μολύβι

Bleistift

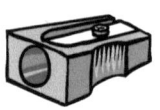

ξύστρα

Bleistiftspitzer

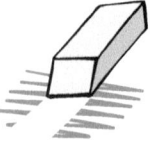

γόμα

Radierer

μπλοκ ζωγραφικής

Zeichenblock

ζωγραφική

Zeichnung

πινέλο

Pinsel

κουτί χρωμάτων

Malkasten

ψαλίδι

Schere

κόλλα

Klebstoff

τετράδιο ασκήσεων

Übungsheft

εργασία για το σπίτι

Hausübung

αριθμός

Zahl

προσθέτω

addieren

αφαιρώ

subtrahieren

πολλαπλασιάζω

multiplizieren

υπολογίζω

rechnen

γράμμα

Buchstabe

αλφάβητο

Alphabet

λέξη

Wort

κείμενο

Text

διαβάζω

lesen

κιμωλία

Kreide

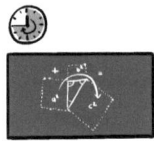

μάθημα

Unterrichtsstunde

εγγράφομαι

Klassenbuch

τεστ

Prüfung

πιστοποιητικό

Zeugnis

μαθητική στολή

Schuluniform

εκπαίδευση

Ausbildung

εγκυκλοπαίδεια

Lexikon

πανεπιστήμιο

Universität

μικροσκόπιο

Mikroskop

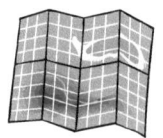

χάρτης

Karte

καλάθι αχρήστων

Papierkorb

ταξίδι
Reise

ξενοδοχείο
Hotel
Grand
ξενώνας
Herberge
ROOMS
ανταλλακτήρια συναλλάγματος
Wechselstube
βαλίτσα
Koffer
αυτοκίνητο
Auto

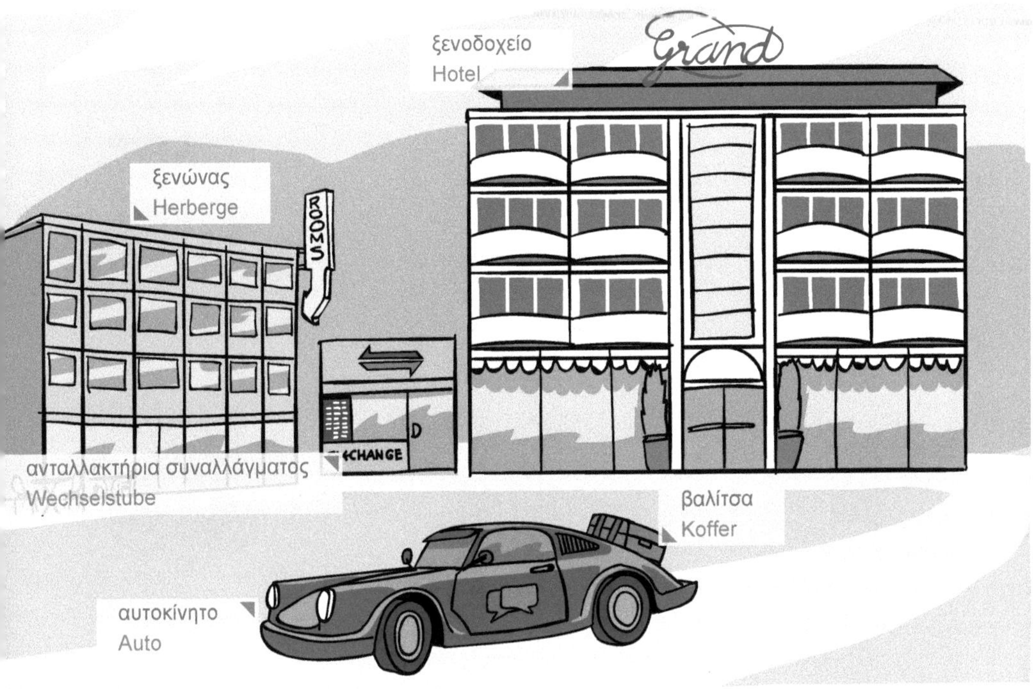

γλώσσα

Sprache

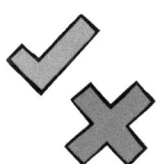

ναι / όχι

ja / nein

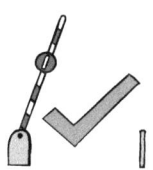

εντάξει

Okay

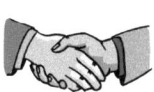

γεια σου

Hallo

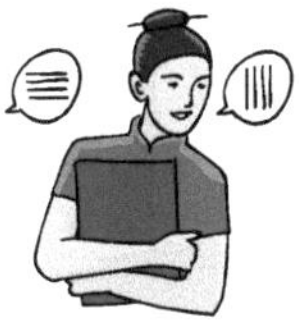

μεταφραστής

Dolmetscherin

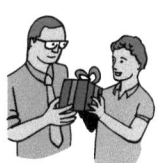

Ευχαριστώ

Danke

πόσο κάνει ;

Wie viel kostet …?

Δε καταλαβαίνω

Ich verstehe nicht.

πρόβλημα

Problem

Καλησπέρα!

Guten Abend!

Καλημέρα!

Guten Morgen!

Καληνύχτα!

Gute Nacht!

Αντίο

Auf Wiederschaun!

κατεύθυνση

Richtung

αποσκευές

Gepäck

τσάντα

Tasche

σακίδιο πλάτης

Rucksack

καλεσμένος

Gast

δωμάτιο

Zimmer

υπνόσακος

Schlafsack

σκηνή

Zelt

τουριστικές πληροφορίες

Touristeninformation

παραλια

Strand

πιστωτική κάρτα

Kreditkarte

πρωινό

Frühstück

μεσημεριανό

Mittagessen

δείπνο

Abendessen

εισιτήριο

Fahrkarte

ανελκυστήρας

Lift

γραμματόσημο

Briefmarke

σύνορα

Grenze

τελωνείο

Zoll

πρεσβεία

Botschaft

βίζα

Visum

διαβατήριο

Pass

μεταφορά
Transport

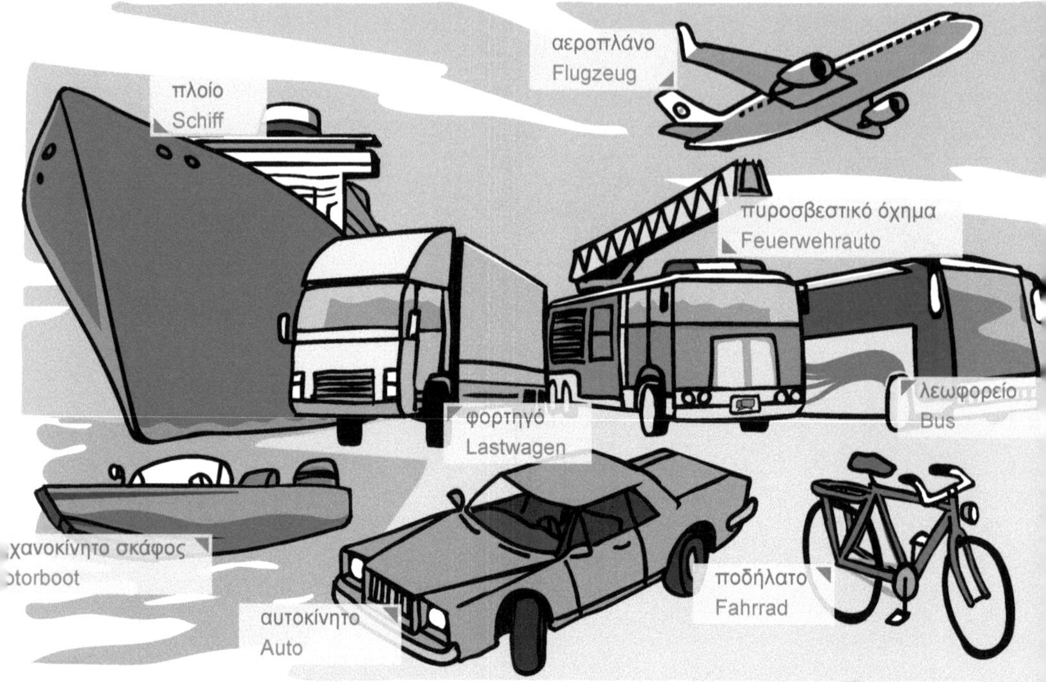
αεροπλάνο
Flugzeug
πλοίο
Schiff
πυροσβεστικό όχημα
Feuerwehrauto
λεωφορείο
Bus
φορτηγό
Lastwagen
χανοκίνητο σκάφος
otorboot
ποδήλατο
Fahrrad
αυτοκίνητο
Auto

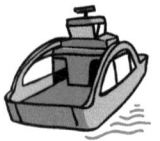

φεριμπότ

Fähre

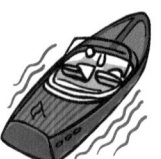

βάρκα

Boot

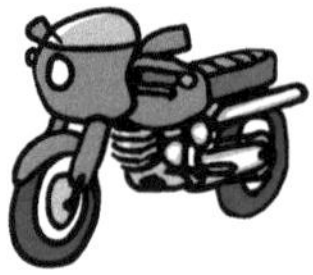

μοτοσικλέτα

Motorrad

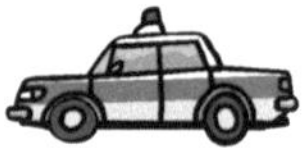

περιπολικό

Polizeiauto

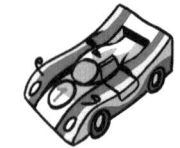

αγωνιστικό αυτοκίνητο

Rennauto

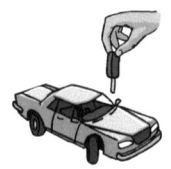

ενοικιαζόμενο αυτοκίνητο

Mietwagen

διαμοιρασμός αυτοκινήτων

Carsharing

γερανός

Abschleppwagen

απορριμματοφορο

Müllwagen

κινητήρας

Motor

καύσιμο

Kraftstoff

βενζινάδικο

Tankstelle

πινακίδα σήμανσης

Verkehrsschild

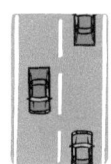

κυκλοφορία

Verkehr

κυκλοφοριακή συμφόρηση

Stau

χώρος στάθμευσης

Parkplatz

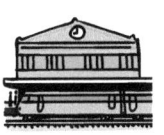

σιδηροδρομικός σταθμός

Bahnhof

σιδηροδρομικές γραμμές

Schienen

τρένο

Zug

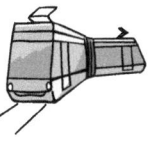

τραμ

Straßenbahn

βαγόνι

Wagon

ελικόπτερο

Hubschrauber

αεροδρόμιο

Flughafen

πύργος

Tower

επιβάτης

Passagier

εμπορευματοκιβώτιο

Container

χαρτοκιβώτιο

Karton

καρότσι

Rollwagen

καλάθι

Korb

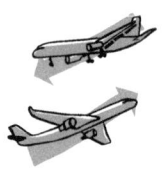

απογειώνομαι /
προσγειόνομαι

starten / landen

πόλη
Stadt

χωριό

Dorf

κέντρο της πόλης

Stadtzentrum

σπίτι

Haus

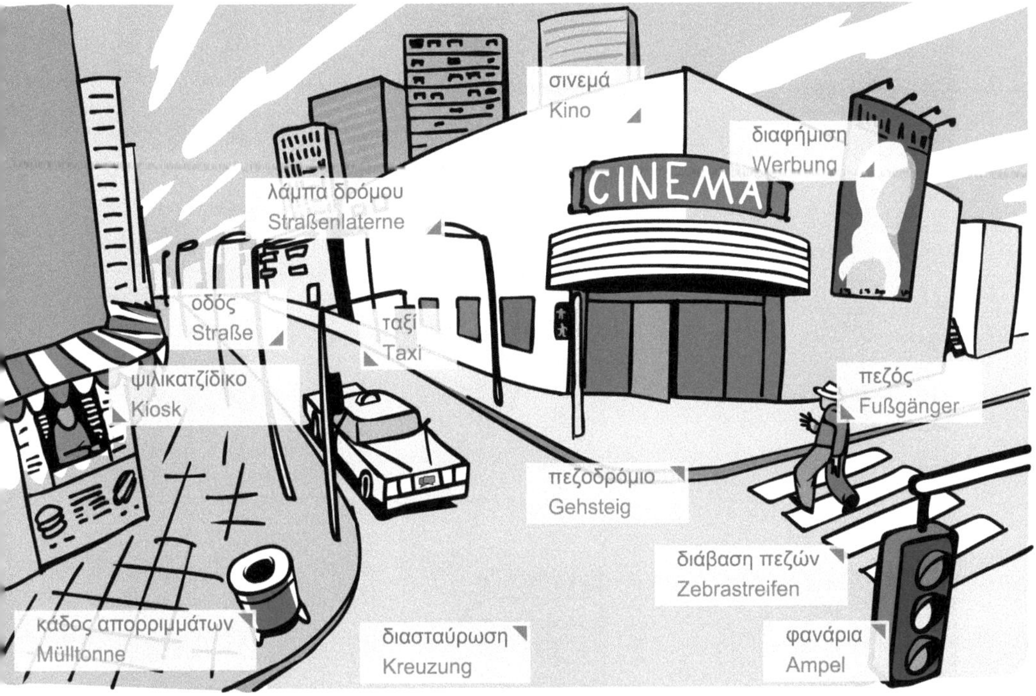

σινεμά
Kino
διαφήμιση
Werbung
λάμπα δρόμου
Straßenlaterne
CINEMA
οδός
Straße
ταξί
Taxi
ψιλικατζίδικο
Kiosk
πεζός
Fußgänger
πεζοδρόμιο
Gehsteig
διάβαση πεζών
Zebrastreifen
κάδος απορριμμάτων
Mülltonne
διασταύρωση
Kreuzung
φανάρια
Ampel

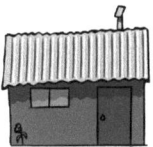

καλύβα

Hütte

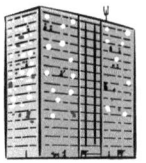

διαμέρισμα

Wohnung

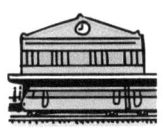

σιδηροδρομικός σταθμός

Bahnhof

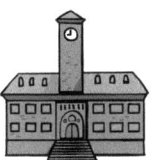

δημαρχείο

Rathaus

MUSEUM

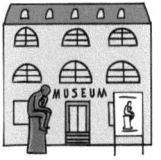

μουσείο

Museum

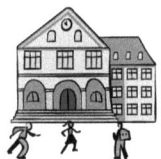

σχολείο

Schule

πανεπιστήμιο

Universität

τράπεζα

Bank

νοσοκομείο

Spital

ξενοδοχείο

Hotel

φαρμακείο

Apotheke

γραφείο

Büro

βιβλιοπωλείο

Buchhandlung

κατάστημα

Geschäft

ανθοπωλείο

Blumenladen

σούπερ μάρκετ

Supermarkt

αγορά

Markt

πολυκατάστημα

Kaufhaus

ιχθυοπωλείο

Fischhändler

εμπορικό κέντρο

Einkaufszentrum

λιμάνι

Hafen

πάρκο

Park

παγκάκι

Bank

γέφυρα

Brücke

σκάλες

Stiege

μετρό

U-Bahn

τούνελ

Tunnel

στάση λεωφορείου

Bushaltestelle

μπαρ

Bar

εστιατόριο

Restaurant

γραμματοκιβώτιο

Briefkasten

πινακίδα δρόμου

Straßenschild

παρκόμετρο

Parkuhr

ζωολογικός κήπος

Zoo

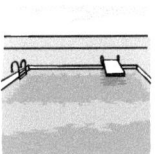

πισίνα

Badeanstalt

τζαμί

Moschee

αγρόκτημα

Bauernhof

ρύπανση

Umweltverschmutzung

νεκροταφείο

Friedhof

εκκλησία

Kirche

παιδική χαρά

Spielplatz

ναός

Tempel

τοπίο
Landschaft

φύλλο
Blatt

πινακίδα κατεύθυνσης
Wegweiser

δρόμος
Weg

λιβάδι
Wiese

πέτρα
Stein

δέντρο
Baum

πεζοπόρος
Wanderer

ποτάμι
Fluss

χορτάρι
Gras

λουλούδι
Blume

κοιλάδα
Tal

λοφος
Hügel

λιμνη
See

δάσος
Wald

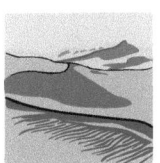

έρημος
Wüste

ηφαίστειο
Vulkan

κάστρο
Schloss

ουράνιο τόξο
Regenbogen

μανιτάρι
Pilz

φοίνικας
Palme

κουνούπι
Moskito

μύγα
Fliege

μυρμήγκι
Ameise

μέλισσα
Biene

αράχνη
Spinne

σκαθάρι

Käfer

βάτραχος

Frosch

σκίουρος

Eichhörnchen

σκαντζόχοιρος

Igel

λαγός

Hase

κουκουβάγια

Eule

πουλί

Vogel

κύκνος

Schwan

αγριογούρουνο

Wildschwein

ελάφι

Hirsch

άλκη

Elch

φράγμα

Staudamm

ανεμογεννήτρια

Windrad

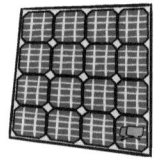

ηλιακός συλλέκτης

Solarmodul

κλίμα

Klima

εστιατόριο
Restaurant

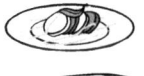

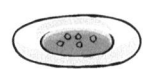

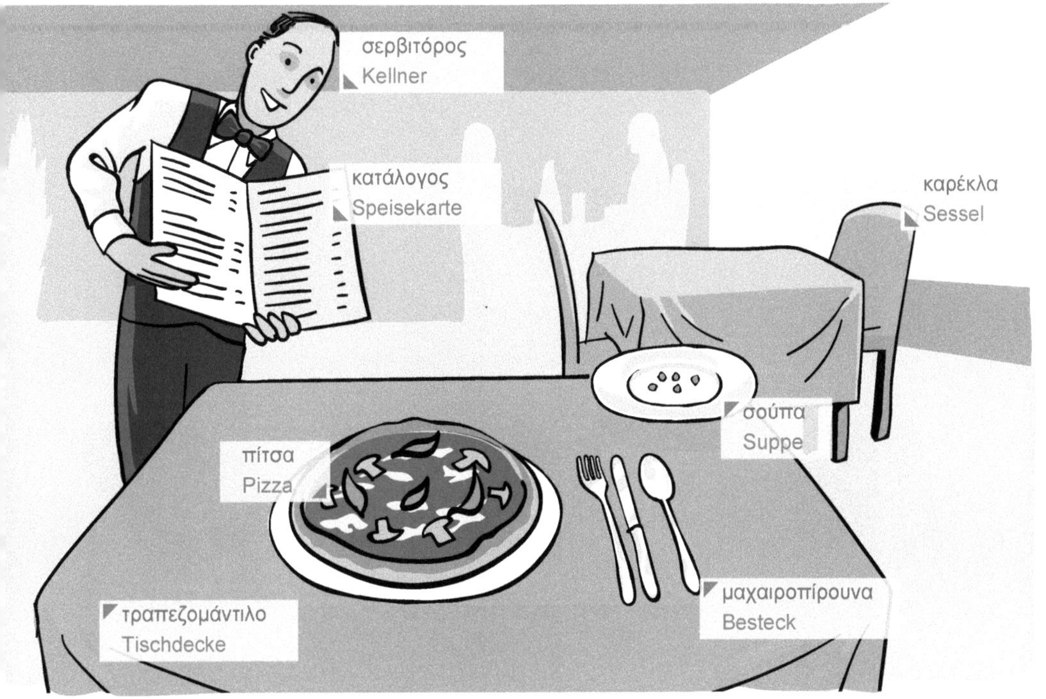

σερβιτόρος
Kellner
κατάλογος
Speisekarte
καρέκλα
Sessel
σούπα
Suppe
πίτσα
Pizza
τραπεζομάντιλο
Tischdecke
μαχαιροπίρουνα
Besteck

ορεκτικό

Vorspeise

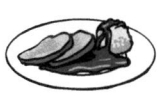

κύριο πιάτο

Hauptgericht

επιδόρπιο

Nachspeise

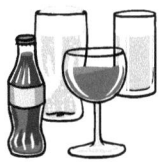

ποτά

Getränke

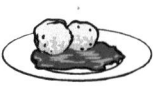

φαγητό

Essen

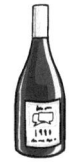

μπουκάλι

Flasche

φαστ φουντ

Fastfood

φαγητό στ' όρθιο

Streetfood

τσαγιέρα

Teekanne

δοχείο ζάχαρης

Zuckerdose

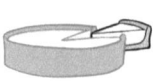

μερίδα

Portion

μηχανή εσπρέσο

Espressomaschine

ψηλή καρέκλα

Kinderstuhl

λογαριασμός

Rechnung

δίσκος

Tablett

μαχαίρι

Messer

πιρούνι

Gabel

κουτάλι

Löffel

κουταλάκι του τσαγιού

Teelöffel

πετσέτα φαγητού

Serviette

ποτήρι

Glas

εστιατόριο - Restaurant

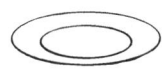

πιάτο

Teller

πιάτο σούπας

Suppenteller

πιατάκι φλιτζανιού

Untertasse

σάλτσα

Sauce

αλατιέρα

Salzstreuer

μύλος για πιπέρι

Pfeffermühle

ξύδι

Essig

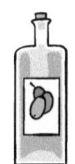

λάδι

Öl

μπαχαρικά

Gewürze

κέτσαπ

Ketchup

μουστάρδα

Senf

μαγιονέζα

Mayonnaise

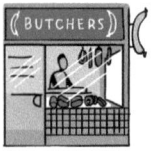

σούπερ μάρκετ
Supermarkt

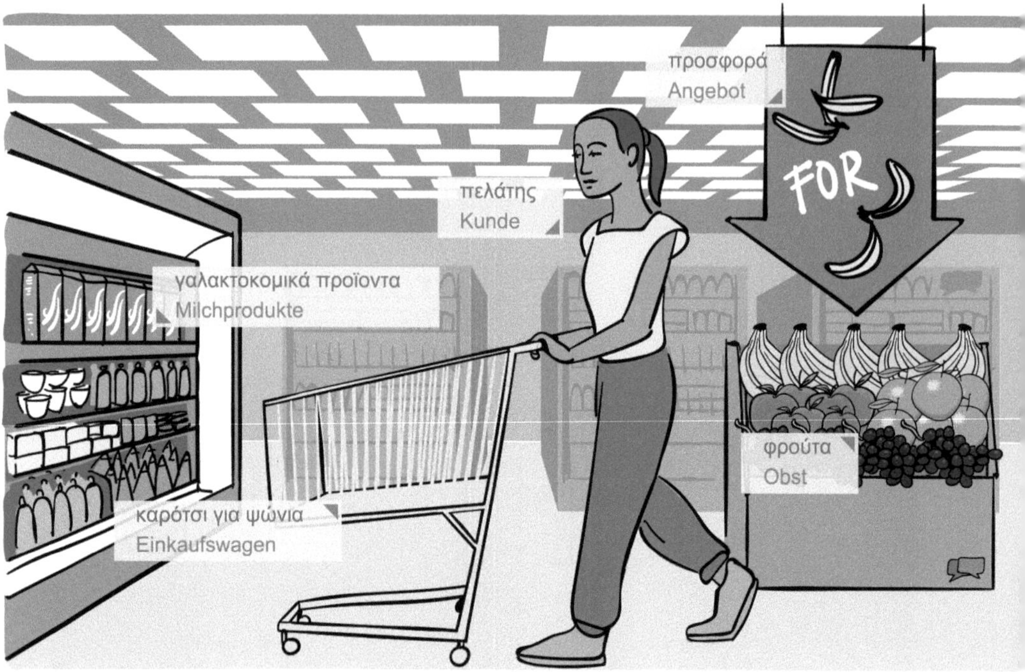
προσφορά
Angebot
FOR
πελάτης
Kunde
γαλακτοκομικά προϊόντα
Milchprodukte
φρούτα
Obst
καρότσι για ψώνια
Einkaufswagen

BUTCHERS

κρεοπωλείο

Schlachterei

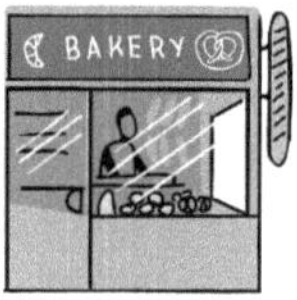
BAKERY

φούρνος

Bäckerei

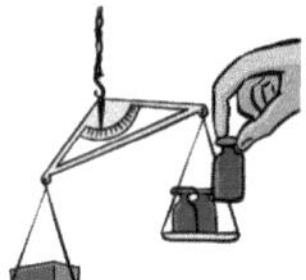

ζυγίζω

wiegen

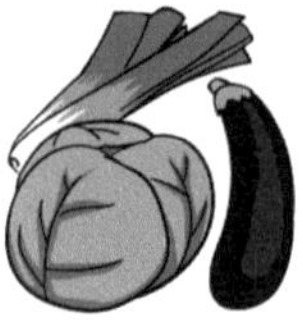

λαχανικά

Gemüse

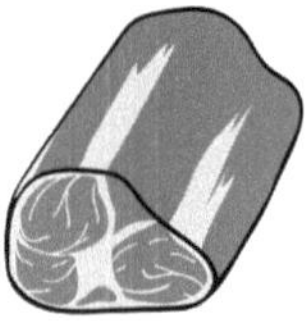

κρέας

Fleisch

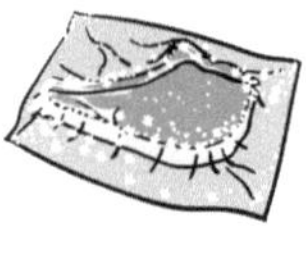

κατεψυγμένα τρόφιμα

Tiefkühlkost

αλλαντικά

Aufschnitt

κονσερβοποιημένη τροφή

Konserven

απορρυπαντικό ρουχων

Waschmittel

γλυκά

Süßigkeiten

οικιακά είδη

Haushaltsartikel

καθαριστικά προϊόντα

Reinigungsmittel

πωλήτρια

Verkäuferin

ταμείο

Kassa

ταμίας

Kassiererin

λίστα για ψώνια

Einkaufsliste

ωράριο λειτουργίας

Öffnungszeiten

πορτοφόλι

Brieftasche

πιστωτική κάρτα

Kreditkarte

τσάντα

Tasche

πλαστική σακούλα

Plastiktüte

νερό

Wasser

χυμός

Saft

γάλα

Milch

κόκα κόλα

Cola

κρασί

Wein

μπίρα

Bier

αλκοόλ

Alkohol

κακάο

Kakao

τσάι

Tee

καφές

Kaffee

εσπρέσο

Espresso

καπουτσίνο

Cappuccino

μπανάνα

Banane

μήλο

Apfel

πορτοκάλι

Orange

πεπόνι

Melone

λεμόνι

Zitrone

καρότο

Karotte

σκόρδο

Knoblauch

μπαμπού

Bambus

κρεμμύδι

Zwiebel

μανιτάρι

Pilz

ξηροί καρποί

Nüsse

νουντλς

Nudeln

μακαρόνια

Spaghetti

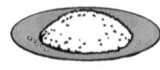

ρύζι

Reis

σαλάτα

Salat

πατατάκια

Pommes frites

τηγανητές πατάτες

Bratkartoffeln

πίτσα

Pizza

χάμπουργκερ

Hamburger

σάντουιτς

Sandwich

κοτολέτα

Schnitzel

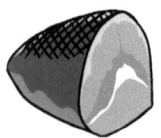

ζαμπόν

Schinken

σαλάμι

Salami

λουκάνικο

Wurst

κοτόπουλο

Huhn

ψητό

Braten

ψάρι

Fisch

χυλός βρώμης

Haferflocken

μούσλι

Müsli

κορν φλέικς

Cornflakes

αλεύρι

Mehl

κρουασάν

Croissant

ψωμάκι

Semmel

ψωμί

Brot

τοστ

Toast

μπισκότα

Kekse

βούτυρο

Butter

τυρόπηγμα

Topfen

κέικ

Kuchen

αυγό

Ei

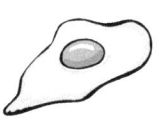

τηγανητό αυγό

Spiegelei

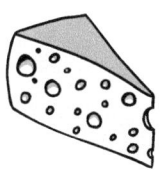

τυρί

Käse

παγωτό

Eiscreme

ζάχαρη

Zucker

μέλι

Honig

μαρμελάδα

Marmelade

άλλειμμα σοκολάτας

Schokoladenaufstrich

κάρυ

Curry

αγρόκτημα
Bauernhof

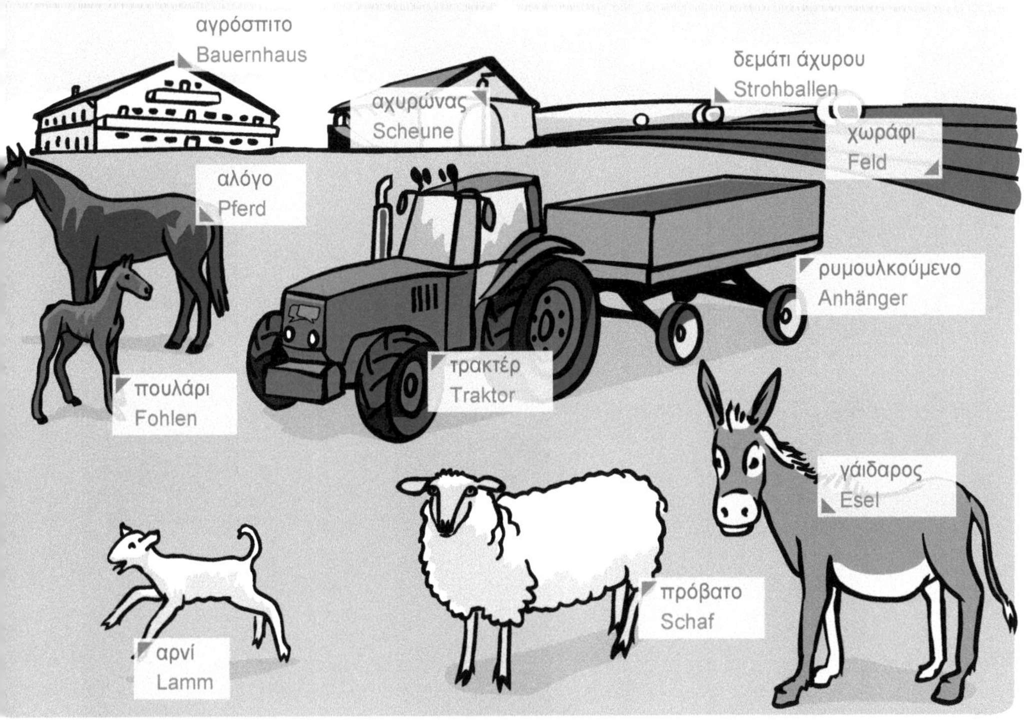
αγρόσπιτο
Bauernhaus
δεμάτι άχυρου
Strohballen
αχυρώνας
Scheune
χωράφι
Feld
αλόγο
Pferd
ρυμουλκούμενο
Anhänger
τρακτέρ
Traktor
πουλάρι
Fohlen
γάιδαρος
Esel
πρόβατο
Schaf
αρνί
Lamm

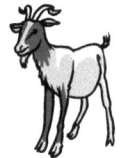

κατσίκα

Ziege

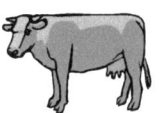

αγελάδα

Kuh

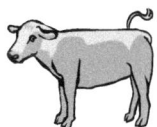

μοσχαράκι

Kalb

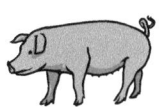

γουρούνι

Schwein

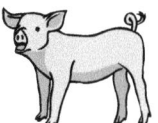

γουρουνάκι

Ferkel

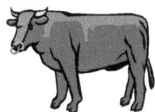

ταύρος

Stier

χήνα
Gans

πάπια
Ente

κοτοπουλάκι
Küken

κότα
Huhn

κόκορας
Hahn

αρουραίος
Ratte

γάτα
Katze

ποντίκι
Maus

βόδι
Ochse

σκύλος
Hund

σπιτάκι σκύλου
Hundehütte

λάστιχο κήπου
Gartenschlauch

ποτιστήρι
Gießkanne

θεριστήρι
Sense

αλέτρι
Pflug

δρεπάνι
Sichel

τσάπα
Hacke

δίκρανο
Mistgabel

τσεκούρι
Axt

χειράμαξα
Schubkarre

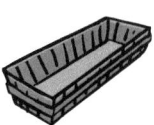

ταΐστρα
Trog

δοχείο γάλακτος
Milchkanne

σάκος
Sack

φράχτης
Zaun

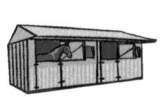

στάβλος
Stall

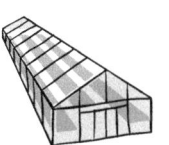

θερμοκήπιο
Treibhaus

έδαφος
Boden

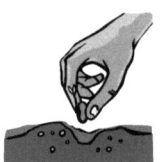

σπόρος
Saat

λίπασμα
Dünger

θεριζοαλωνιστική μηχανή
Mähdrescher

θερίζω
ernten

συγκομιδή
Ernte

γιαμς
Yamswurzel

σιτάρι
Weizen

σόγια
Soja

πατάτα
Erdapfel

καλαμπόκι
Mais

κράμβη
Raps

οπωροφόρο δέντρο
Obstbaum

μανιόκα
Maniok

δημητριακά
Getreide

σπίτι
Haus

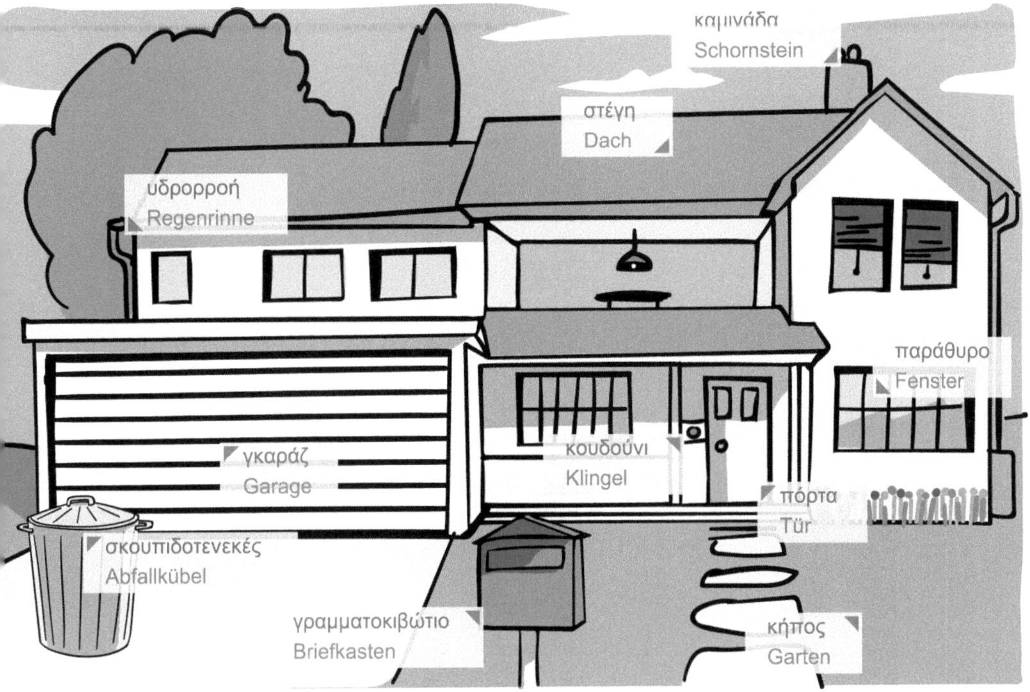
καμινάδα
Schornstein
στέγη
Dach
υδρορροή
Regenrinne
παράθυρο
Fenster
γκαράζ
Garage
κουδούνι
Klingel
πόρτα
Tür
σκουπιδοτενεκές
Abfallkübel
γραμματοκιβώτιο
Briefkasten
κήπος
Garten

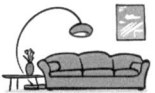

σαλόνι

Wohnzimmer

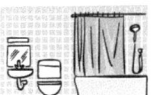

μπάνιο

Badezimmer

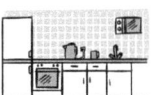

κουζίνα

Küche

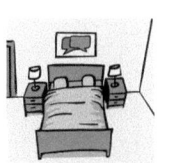

υπνοδωμάτιο

Schlafzimmer

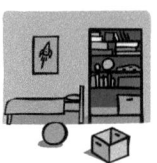

παιδικό δωμάτιο

Kinderzimmer

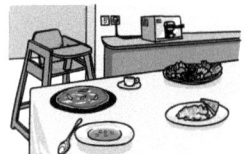

τραπεζαρία

Esszimmer

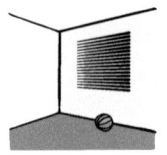

πάτωμα

Boden

τοίχος

Wand

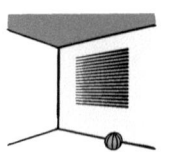

οροφή

Decke

κελάρι

Keller

σάουνα

Sauna

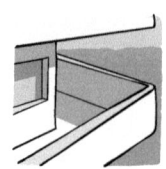

μπαλκόνι

Balkon

βεράντα

Terrasse

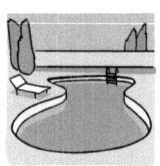

πισίνα

Schwimmbad

μηχανή του γκαζόν

Rasenmäher

σεντόνι

Bettbezug

κάλυμμα κρεβατιού

Bettdecke

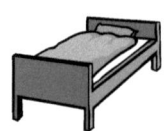

κρεβάτι

Bett

σκούπα

Besen

κουβάς

Kübel

διακόπτης

Schalter

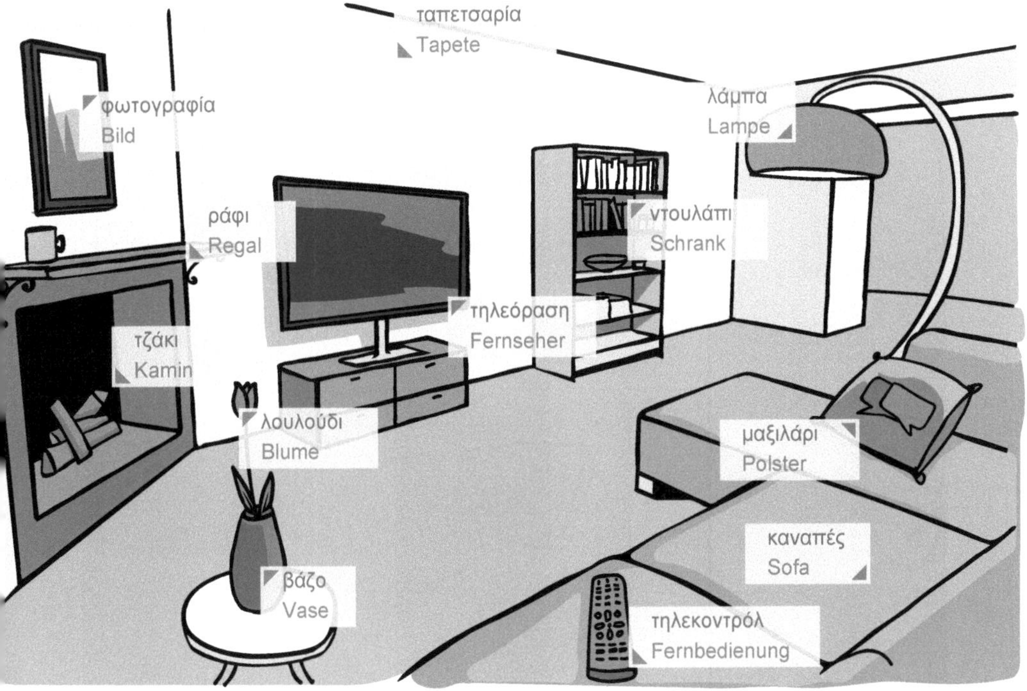

ταπετσαρία
Tapete

φωτογραφία
Bild

λάμπα
Lampe

ράφι
Regal

ντουλάπι
Schrank

τζάκι
Kamin

τηλεόραση
Fernseher

λουλούδι
Blume

μαξιλάρι
Polster

βάζο
Vase

καναπές
Sofa

τηλεκοντρόλ
Fernbedienung

χαλί

Teppich

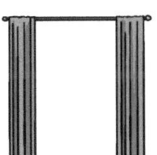

κουρτίνα

Vorhang

τραπέζι

Tisch

καρέκλα

Sessel

κουνιστή πολυθρόνα

Schaukelstuhl

πολυθρόνα

Sessel

βιβλίο

Buch

κουβέρτα

Decke

διακόσμηση

Dekoration

καυσόξυλα

Feuerholz

ταινία

Film

στερεοφωνικό σύστημα

Stereoanlage

κλειδί

Schlüssel

εφημερίδα

Zeitung

πίνακας ζωγραφικής

Gemälde

αφίσα

Poster

ραδιόφωνο

Radio

σημειωματάριο

Notizblock

ηλεκτρική σκούπα

Staubsauger

κάκτος

Kaktus

κερί

Kerze

κουζίνα
Küche

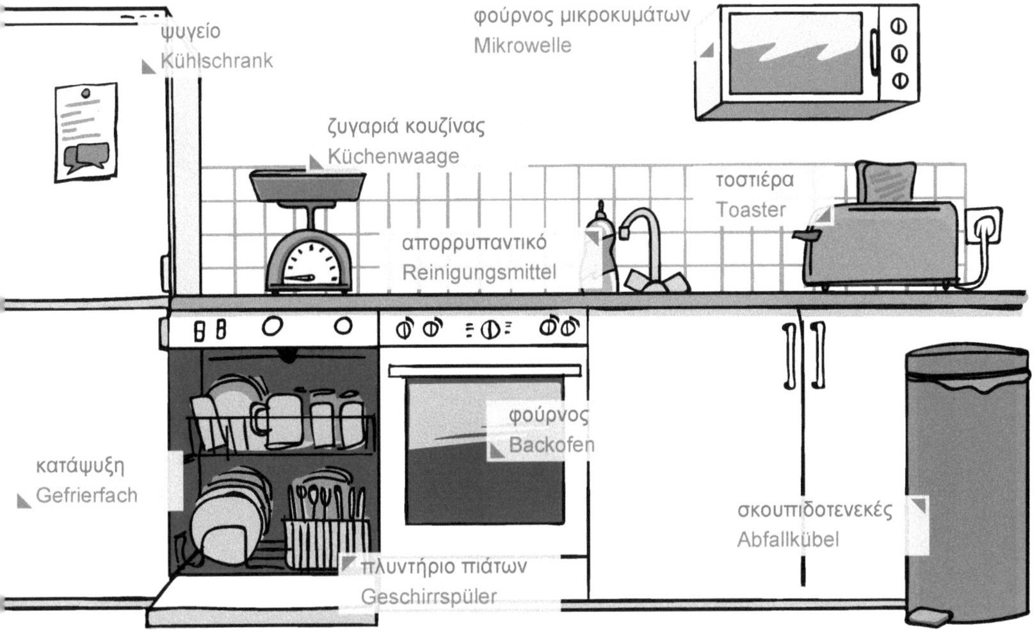
ψυγείο
Kühlschrank
φούρνος μικροκυμάτων
Mikrowelle
ζυγαριά κουζίνας
Küchenwaage
τοστιέρα
Toaster
απορρυπαντικό
Reinigungsmittel
φούρνος
Backofen
κατάψυξη
Gefrierfach
σκουπιδοτενεκές
Abfallkübel
πλυντήριο πιάτων
Geschirrspüler

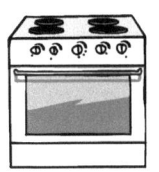

κουζίνα

Herd

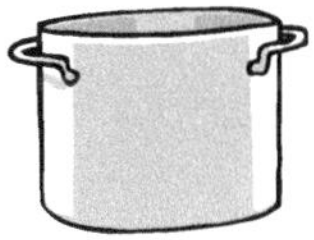

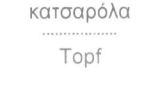

κατσαρόλα

Topf

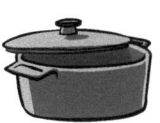

μαντεμένια κατσαρόλα

Eisentopf

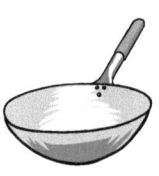

γουόκ/καντάι

Wok / Kadai

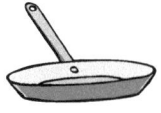

τηγάνι

Pfanne

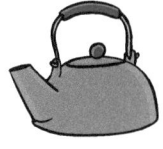

βραστήρας

Wasserkocher

ατμομάγειρας

Dampfgarer

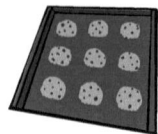

ταψί

Backblech

πιατικά

Geschirr

κούπα

Becher

μπολ

Schale

ξυλάκια

Essstäbchen

κουτάλα

Schöpflöffel

σπάτουλα

Pfannenwender

ανακατεύω

Schneebesen

σουρωτήρι

Kochsieb

σουρωτηράκι

Sieb

τρίφτης

Reibe

γουδί

Mörser

ψησταριά

Grill

ανοιχτή φωτιά

Kaminfeuer

σανιδα κοπής

Schneidebrett

πλάστης

Nudelholz

ανοιχτήρι φελλών

Korkenzieher

κονσέρβα

Dose

ανοιχτήρι κονσέρβας

Dosenöffner

γάντι φούρνου

Topflappen

νεροχύτης

Waschbecken

βούρτσα

Bürste

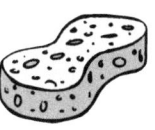

σφουγγάρι

Schwamm

μπλέντερ

Mixer

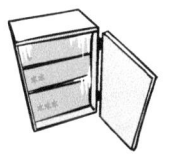

καταψύκτης

Gefriertruhe

μπιμπερό

Babyflasche

βρύση

Wasserhahn

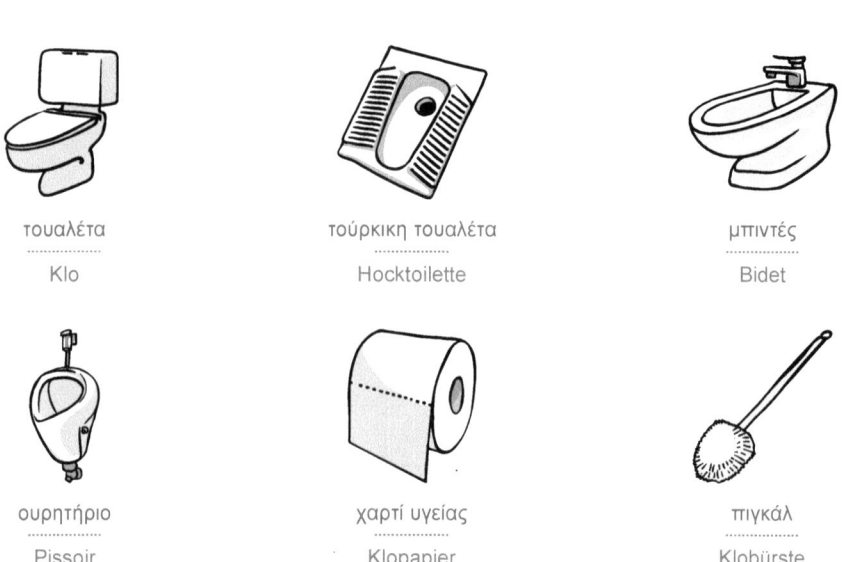

μπάνιο
Badezimmer

θέρμανση
Heizung
πετσέτα
Handtuch
ντους
Dusche
κουρτίνα ντουζ
Duschvorhang
αφρόλουτρο
Schaumbad
μπανιέρα
Badewanne
ποτήρι
Glas
πλυντήριο ρούχων
Waschmaschine
βρύση
Wasserhahn
πλακάκια
Fliesen
γιογιό
Nachttopf
νεροχύτης
Waschbecken

τουαλέτα

Klo

τούρκικη τουαλέτα

Hocktoilette

μπιντές

Bidet

ουρητήριο

Pissoir

χαρτί υγείας

Klopapier

πιγκάλ

Klobürste

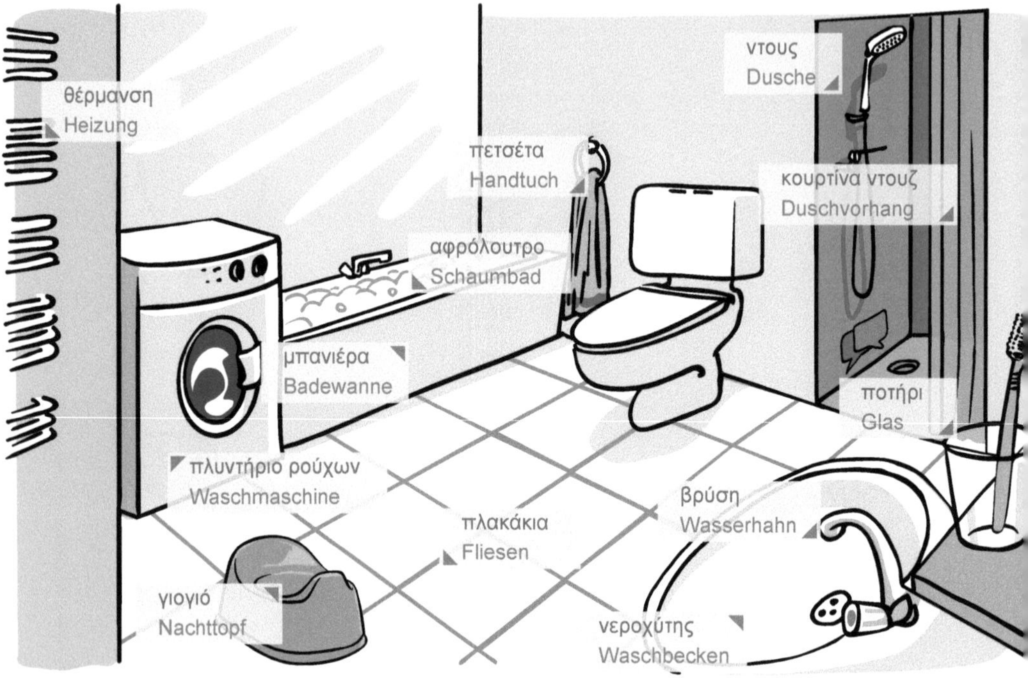

οδοντόβουρτσα

Zahnbürste

οδοντόκρεμα

Zahnpasta

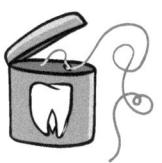

οδοντικό νήμα

Zahnseide

πλένω

waschen

τηλέφωνο ντους

Handbrause

ντουσιέρα

Intimdusche

λεκάνη

Waschschüssel

βούρτσα πλάτης

Rückenbürste

σαπούνι

Seife

αφρόλουτρο

Duschgel

σαμπουάν

Shampoo

φανέλα

Waschlappen

σιφόνι

Abfluss

κρέμα

Creme

αποσμητικό

Deodorant

καθρέφτης

Spiegel

καθρέφτης χειρός

Kosmetikspiegel

ξυραφάκι

Rasierer

αφρός ξυρίσματος

Rasierschaum

αφτερσέιβ

Rasierwasser

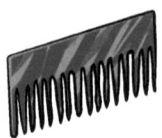

χτένα

Kamm

βούρτσα

Bürste

σεσουάρ

Föhn

λακ

Haarspray

μακιγιάζ

Makeup

κραγιόν

Lippenstift

βερνίκι νυχιών

Nagellack

βαμβάκι

Watte

ψαλίδι νυχιών

Nagelschere

άρωμα

Parfum

νεσεσέρ

Kulturbeutel

σκαμπό

Hocker

ζυγαριά

Waage

μπουρνούζι

Bademantel

ελαστικά γάντια

Gummihandschuhe

ταμπόν

Tampon

πετσέτα υγιεινής

Damenbinde

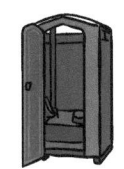

χημική τουαλέτα

Chemietoilette

παιδικό δωμάτιο
Kinderzimmer

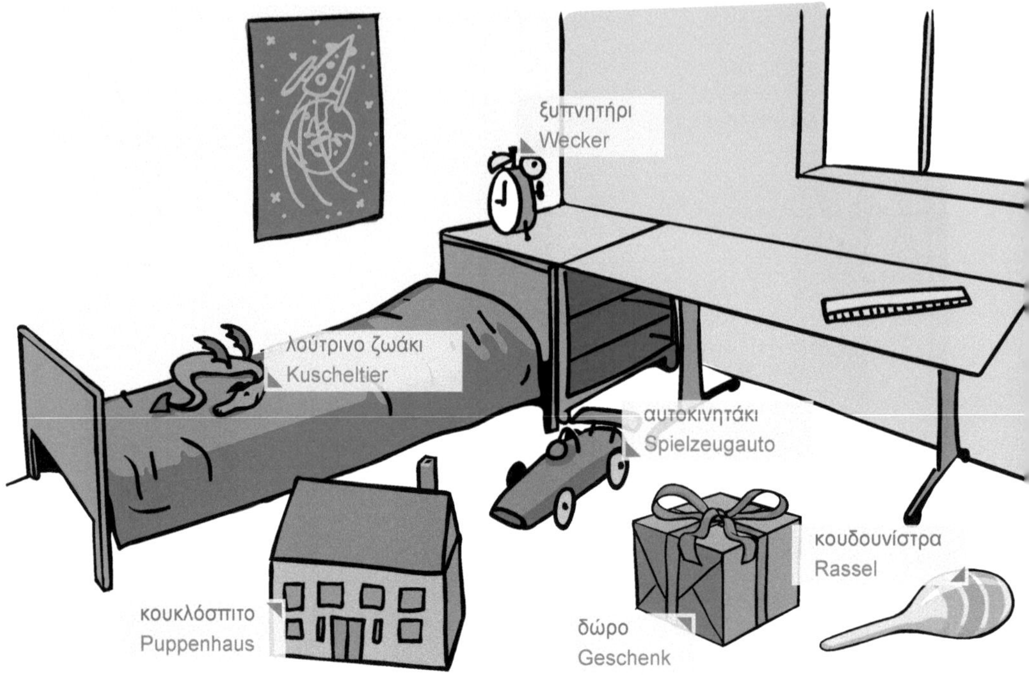
ξυπνητήρι
Wecker
λούτρινο ζωάκι
Kuscheltier
αυτοκινητάκι
Spielzeugauto
κουδουνίστρα
Rassel
κουκλόσπιτο
Puppenhaus
δώρο
Geschenk

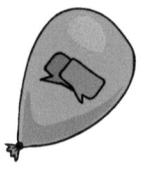

μπαλόνι

Ballon

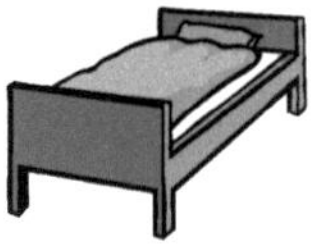

κρεβάτι

Bett

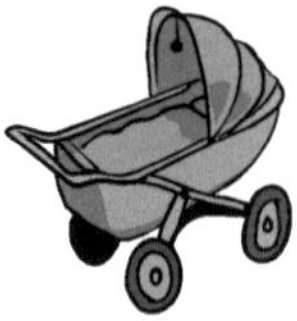

καροτσάκι

Kinderwagen

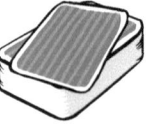

τράπουλα

Kartenspiel

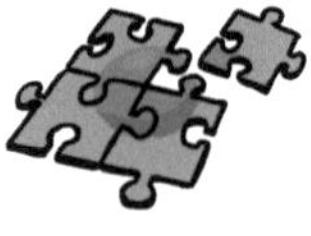

παζλ

Puzzle

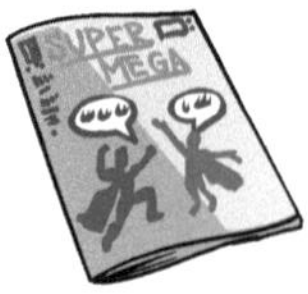

κόμικς

Comic

τουβλάκια lego

Legosteine

τουβλάκια κατασκευών

Bausteine

φιγούρα δράσης

Actionfigur

βρεφικό φορμάκι

Strampelanzug

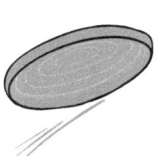

φρίσμπι

Frisbee

μόμπιλο

Mobile

επιτραπέζιο παιχνίδι

Brettspiel

ζάρια

Würfel

σετ τρενάκι

Modelleisenbahn

πιπίλα

Schnuller

πάρτι

Party

εικονογραφημένο βιβλίο

Bilderbuch

μπάλα

Ball

κούκλα

Puppe

παίζω

spielen

σκάμμα με άμμο

Sandkasten

κούνια

Schaukel

παιχνίδια

Spielzeug

κονσόλα βιντεοπαιχνιδιών

Spielkonsole

τρίκυκλο

Dreirad

αρκουδάκι

Teddy

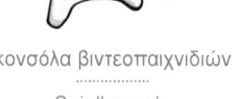

ντουλάπα

Kleiderschrank

ρούχα
Kleidung

κάλτσες

Socken

καλτσοδέτες

Strümpfe

καλσόν

Strumpfhose

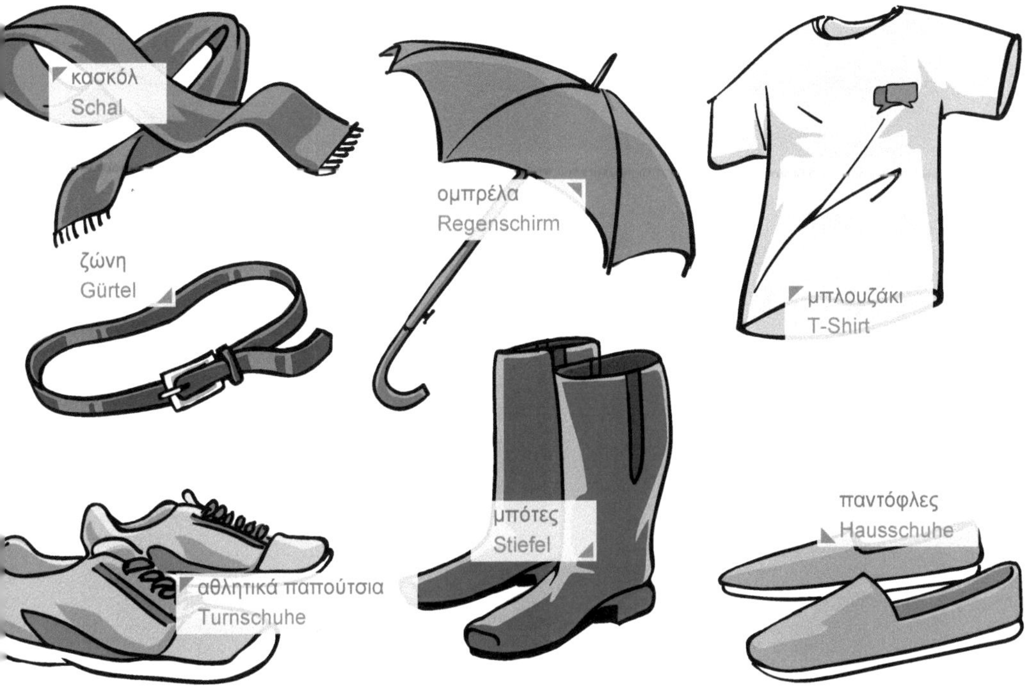

κασκόλ
Schal

ομπρέλα
Regenschirm

ζώνη
Gürtel

μπλουζάκι
T-Shirt

μπότες
Stiefel

αθλητικά παπούτσια
Turnschuhe

παντόφλες
Hausschuhe

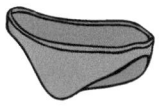

σανδάλια
Sandalen

παπούτσια
Schuhe

γαλότσες
Gummistiefel

εσώρουχο
Unterhose

σουτιέν
Büstenhalter

φανέλα
Unterhemd

σώμα

Body

παντελόνι

Hose

τζιν παντελόνι

Jeans

φούστα

Rock

μπλούζα

Bluse

πουκάμισο

Hemd

πουλόβερ

Pullover

πουλόβερ

Kapuzenpullover

σακάκι

Blazer

μπουφάν

Jacke

παλτό

Mantel

αδιάβροχο πανωφόρι

Regenmantel

κοστούμι

Kostüm

φόρεμα

Kleid

νυφικό

Hochzeitskleid

κοστούμι

Anzug

νυχτικό

Nachthemd

πιτζάμες

Pyjama

σάρι

Sari

μαντήλι

Kopftuch

τουρμπάνι

Turban

μπούρκα

Burka

καφτάνι

Kaftan

μουσουλμανικό ένδυμα

Abaya

ολόσωμο μαγιό

Badeanzug

ανδρικό μαγιό

Badehose

σορτς

kurze Hose

αθλητική φόρμα

Jogginganzug

ποδιά

Schürze

γάντια

Handschuhe

κουμπί

Knopf

γυαλιά

Brille

βραχιόλι

Armband

περιδέραιο

Halskette

δαχτυλίδι

Ring

σκουλαρίκι

Ohrring

καπέλο

Mütze

κρεμάστρα

Kleiderbügel

καπέλο

Hut

γραβάτα

Krawatte

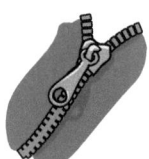

φερμουάρ

Reißverschluss

κράνος

Helm

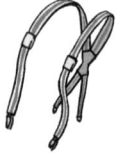

τιράντες

Hosenträger

μαθητική στολή

Schuluniform

στολή

Uniform

σαλιάρα
Lätzchen

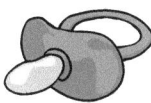

πιπίλα
Schnuller

πάνα
Windel

γραφείο
Büro

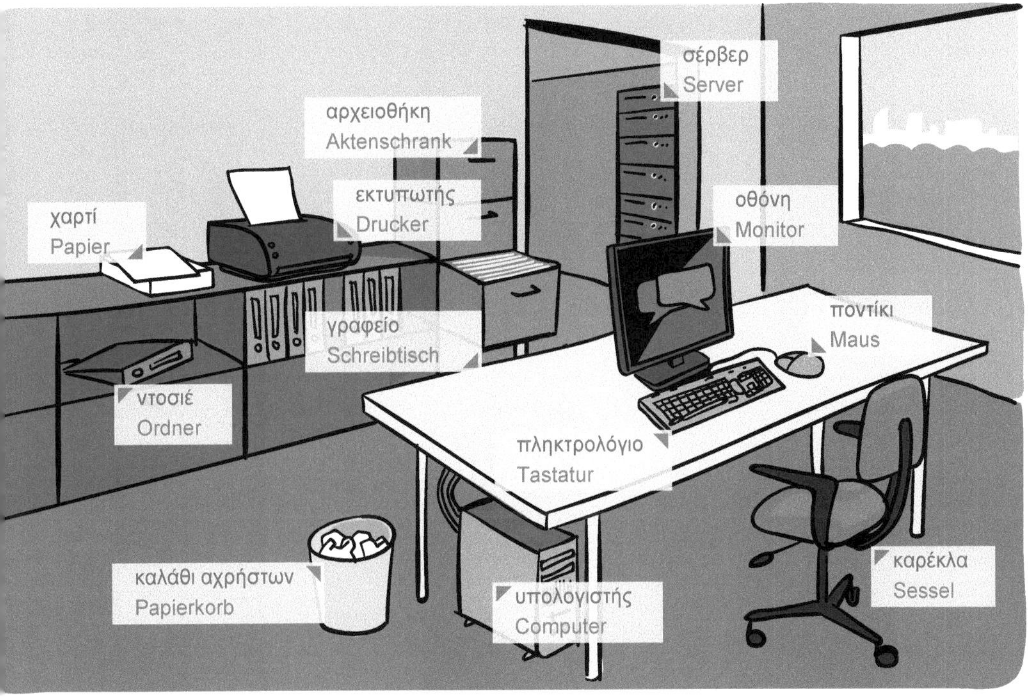

σέρβερ
Server

αρχειοθήκη
Aktenschrank

εκτυπωτής
Drucker

χαρτί
Papier

οθόνη
Monitor

γραφείο
Schreibtisch

ποντίκι
Maus

ντοσιέ
Ordner

πληκτρολόγιο
Tastatur

καλάθι αχρήστων
Papierkorb

καρέκλα
Sessel

υπολογιστής
Computer

κούπα του καφέ
Kaffeebecher

κομπιουτεράκι
Taschenrechner

ίντερνετ
Internet

λάπτοπ

Laptop

γράμμα

Brief

μήνυμα

Nachricht

κινητό

Handy

δίκτυο

Netzwerk

φωτοτυπικό μηχάνημα

Kopierer

λογισμικό

Software

τηλέφωνο

Telefon

πρίζα

Steckdose

συσκευή φαξ

Fax

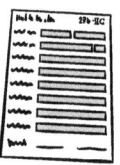

έντυπο

Formular

έγγραφο

Dokument

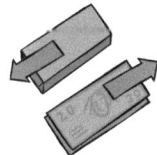

αγοράζω

kaufen

πληρώνω

bezahlen

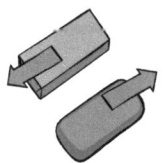

συναλλάσσομαι

handeln

χρήματα

Geld

δολάριο

Dollar

ευρώ

Euro

γιεν

Yen

ρούβλι

Rubel

ελβετικό φράγκο

Franken

ρενμίνμπι γιουάν

Renminbi Yuan

ρουπία

Rupie

ATM (αυτόματη ταμειακή μηχανή)

Bankomat

ανταλλακτήρια
συναλλάγματος
Wechselstube

χρυσός
Gold

ασήμι
Silber

πετρέλαιο
Öl

ενέργεια
Energie

τιμή
Preis

συμβόλαιο
Vertrag

φόρος
Steuer

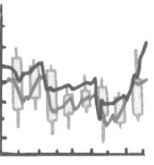

μετοχή
Aktie

δουλεύω
arbeiten

υπάλληλος
Angestellte

εργοδότης
Arbeitgeber

εργοστάσιο
Fabrik

κατάστημα
Geschäft

επαγγέλματα
Berufe

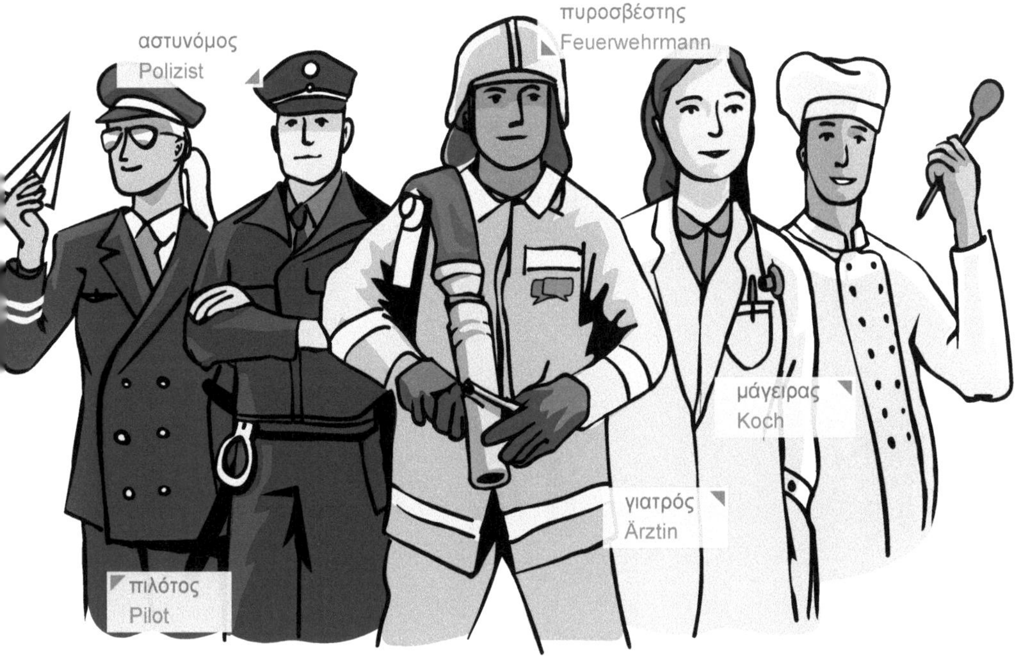

αστυνόμος
Polizist
πυροσβέστης
Feuerwehrmann
μάγειρας
Koch
γιατρός
Ärztin
πιλότος
Pilot

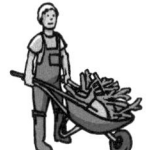

κηπουρός

Gärtner

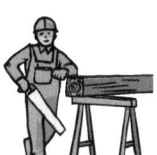

ξυλουργός

Tischler

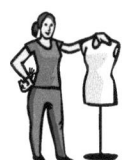

μοδίστρα

Schneiderin

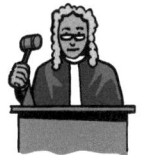

δικαστής

Richter

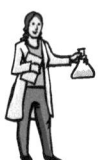

χημικός

Chemikerin

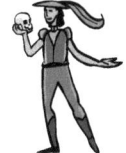

ηθοποιός

Schauspieler

οδηγός λεωφορείου

Busfahrer

ταξιτζής

Taxifahrer

ψαράς

Fischer

καθαρίστρια

Putzfrau

τεχνίτης στεγών

Dachdecker

σερβιτόρος

Kellner

κυνηγός

Jäger

ζωγράφος

Maler

αρτοποιός

Bäcker

ηλεκτρολόγος

Elektriker

οικοδόμος

Bauarbeiter

μηχανολόγος

Ingenieur

κρεοπώλης

Schlachter

υδραυλικός

Installateur

ταχυδρόμος

Briefträgerin

στρατιώτης

Soldat

αρχιτεκτονας

Architekt

ταμίας

Kassiererin

ανθοπώλης

Blumenhändlerin

κομμωτής

Friseur

ελεγκτής εισιτηρίων

Schaffner

μηχανικός

Mechaniker

καπετάνιος

Kapitän

οδοντίατρος

Zahnärztin

επιστήμονας

Wissenschaftler

ραβίνος

Rabbi

ιμάμης

Imam

μοναχός

Mönch

ιερέας

Pfarrer

εργαλεία
Werkzeuge

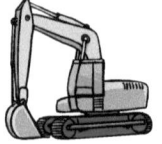

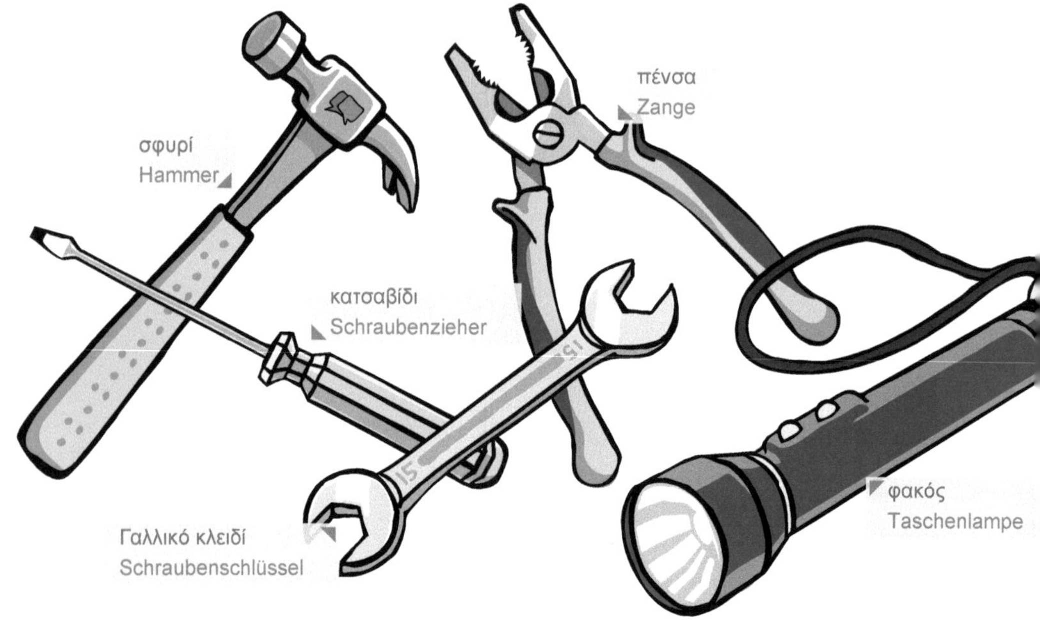
σφυρί
Hammer
πένσα
Zange
κατσαβίδι
Schraubenzieher
Γαλλικό κλειδί
Schraubenschlüssel
φακός
Taschenlampe

εκσκαφέας

Bagger

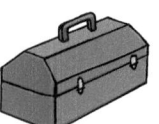

εργαλειοθήκη

Werkzeugkasten

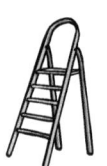

σκάλα

Leiter

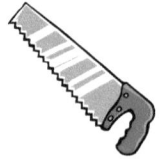

πριόνι

Säge

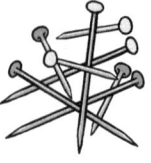

καρφιά

Nägel

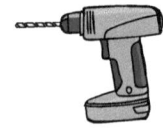

τρυπάνι

Bohrer

επισκευάζω

reparieren

φτυάρι

Schaufel

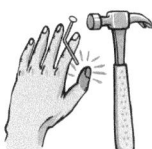

Να πάρει!

Scheiße!

φαράσι

Kehrschaufel

δοχείο χρωμάτων

Farbtopf

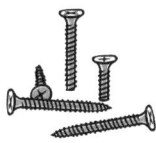

βίδες

Schrauben

μουσικά όργανα
Musikinstrumente

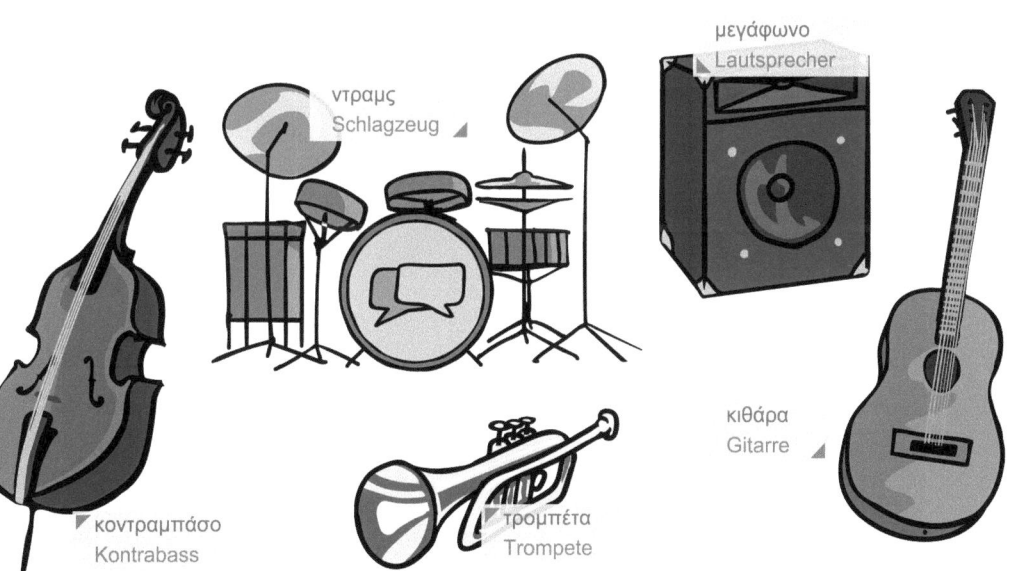

μεγάφωνο
Lautsprecher

ντραμς
Schlagzeug

κιθάρα
Gitarre

κοντραμπάσο
Kontrabass

τρομπέτα
Trompete

πιάνο

Klavier

βιολί

Violine

μπάσο

Bass

τύμπανα

Pauke

τύμπανο

Trommeln

πλήκτρα

Tastatur

σαξόφωνο

Saxophon

φλάουτο

Flöte

μικρόφωνο

Mikrofon

ζωολογικός κήπος
Zoo

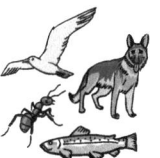

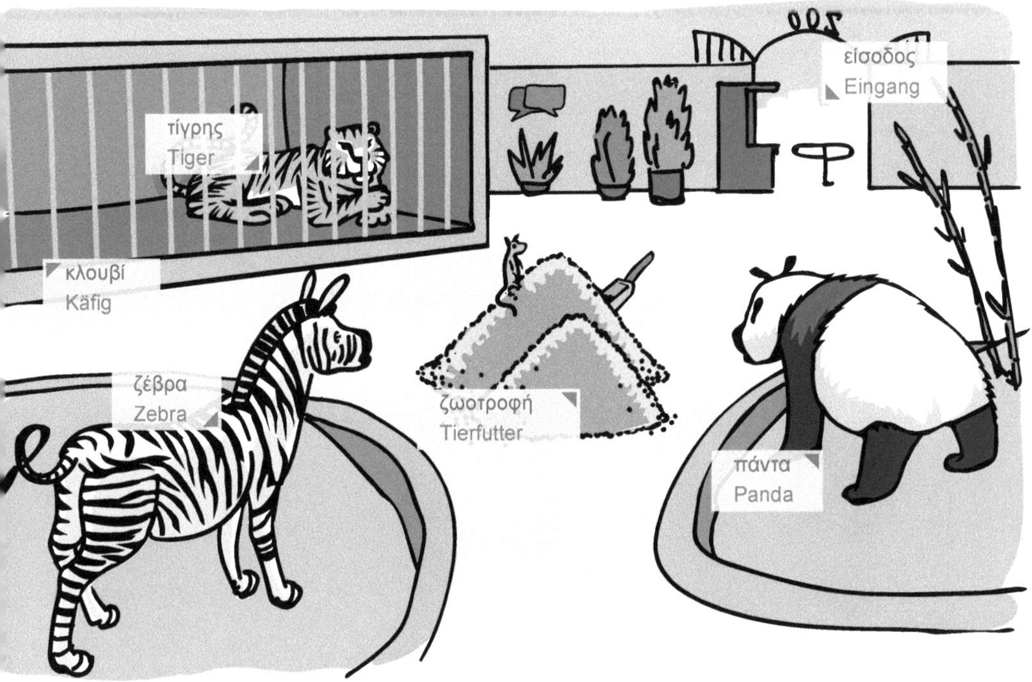
ZOO
είσοδος
Eingang
τίγρης
Tiger
κλουβί
Käfig
ζέβρα
Zebra
ζωοτροφή
Tierfutter
πάντα
Panda

ζώα

Tiere

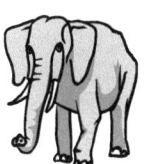

ελέφαντας

Elefant

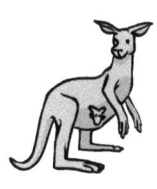

καγκουρό

Känguru

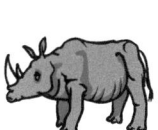

ρινόκερος

Nashorn

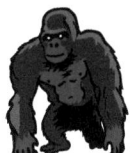

γορίλας

Gorilla

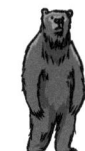

αρκούδα

Bär

καμήλα

Kamel

στρουθοκάμηλος

Strauß

λιοντάρι

Löwe

πίθηκος

Affe

φλαμίνγκο

Flamingo

παπαγάλος

Papagei

πολική αρκούδα

Eisbär

πιγκουίνος

Pinguin

καρχαρίας

Hai

παγώνι

Pfau

φίδι

Schlange

κροκόδειλος

Krokodil

φύλακας ζωολογικού κήπου

Zoowärter

φώκια

Robbe

τζάγκουαρ

Jaguar

πόνυ

Pony

λεοπάρδαλη

Leopard

ιπποπόταμος

Nilpferd

καμηλοπάρδαλη

Giraffe

αετός

Adler

αγριογούρουνο

Wildschwein

ψάρι

Fisch

χελώνα

Schildkröte

θαλάσσιος ίππος

Walross

αλεπού

Fuchs

γαζέλα

Gazelle

Αμερικάνικο ποδόσφαιρο
American Football

ποδηλασία
Radfahren

αντισφαίριση
Tennis

μπάσκετ
Basketball

κολύμβηση
Schwimmen

πυγμαχία
Boxen

χόκεϋ επί πάγου
Eishockey

ποδόσφαιρο
Fußball

μπάντμιντον
Badminton

στίβος
Leichtathletik

χάντμπολ
Handball

σκι
Skifahren

πόλο
Polo

δραστηριότητες
Aktivitäten

γελάω
lachen
πηδάω
springen
αγκαλιάζω
umarmen
περπατάω
gehen
τραγουδάω
singen
ονειρεύομαι
träumen
προσεύχομαι
beten
φιλάω
küssen

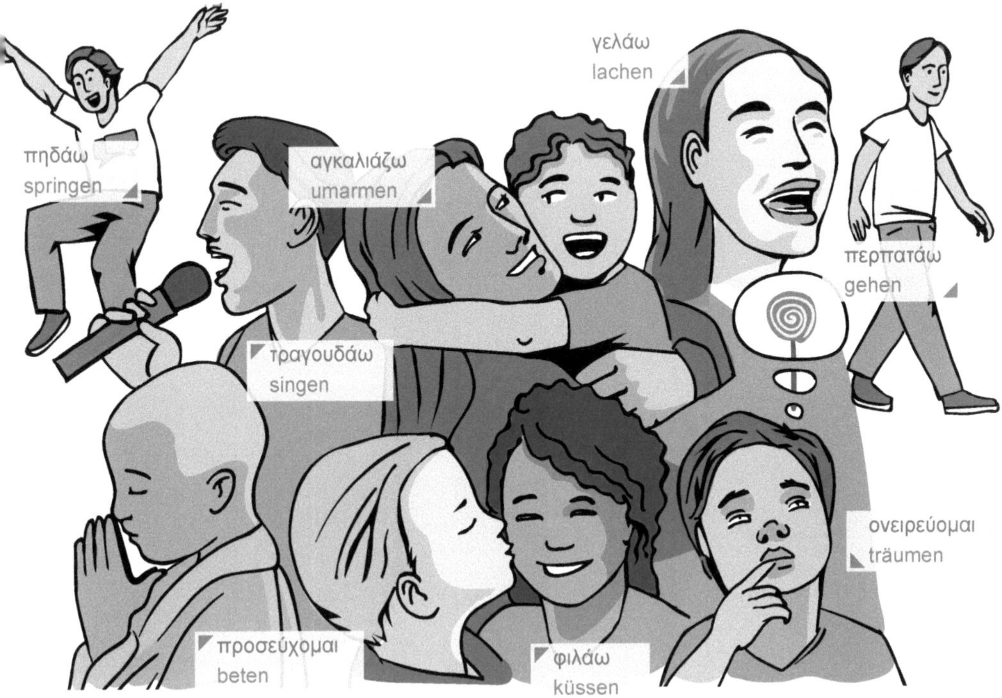

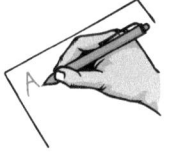

γράφω
schreiben

σχεδιάζω
zeichnen

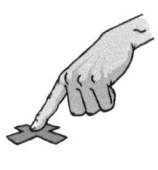

δείχνω
zeigen

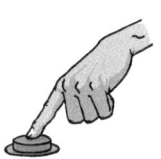

πιέζω
drücken

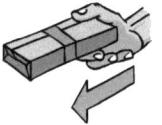

δίνω
geben

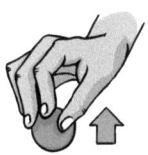

παίρνω
nehmen

έχω

haben

κάνω

machen

είμαι

sein

στέκομαι

stehen

τρέχω

laufen

τραβάω

ziehen

ρίχνω

werfen

πέφτω

fallen

ξαπλώνω

liegen

περιμένω

warten

κουβαλώ

tragen

κάθομαι

sitzen

φοράω

anziehen

κοιμάμαι

schlafen

ξυπνάω

aufwachen

κοιτάω

ansehen

κλαίω

weinen

χαϊδεύω

streicheln

χτενίζω

frisieren

μιλάω

reden

καταλαβαίνω

verstehen

ρωτάω

fragen

ακούω

hören

πίνω

trinken

τρώω

essen

συγυρίζω

zusammenräumen

αγαπάω

lieben

μαγειρεύω

kochen

οδηγώ

fahren

πετάω

fliegen

κάνω ιστιοπλοΐα

segeln

υπολογίζω

rechnen

διαβάζω

lesen

μαθαίνω

lernen

δουλεύω

arbeiten

παντρεύομαι

heiraten

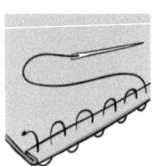

ράβω

nähen

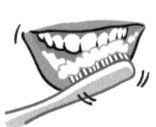

βουρτσίζω τα δόντια

Zähne putzen

σκοτώνω

töten

καπνίζω

rauchen

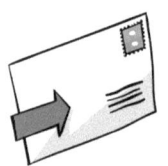

στέλνω

senden

γιαγιά
Großmutter

μωρό
Baby

παππούς
Großvater

μητέρα
Mutter

πατέρας
Vater

κόρη
Tochter

γιος
Sohn

καλεσμένος

Gast

θεία

Tante

θείος

Onkel

αδελφός

Bruder

αδελφή

Schwester

σώμα
Körper

μέτωπο
Stirn
μάτι
Auge
ώμος
Schulter
δάχτυλο
Finger
πρόσωπο
Gesicht
πιγούνι
Kinn
χέρι
Hand
πόδι
Bein
στήθος
Brust
βραχίονας
Arm

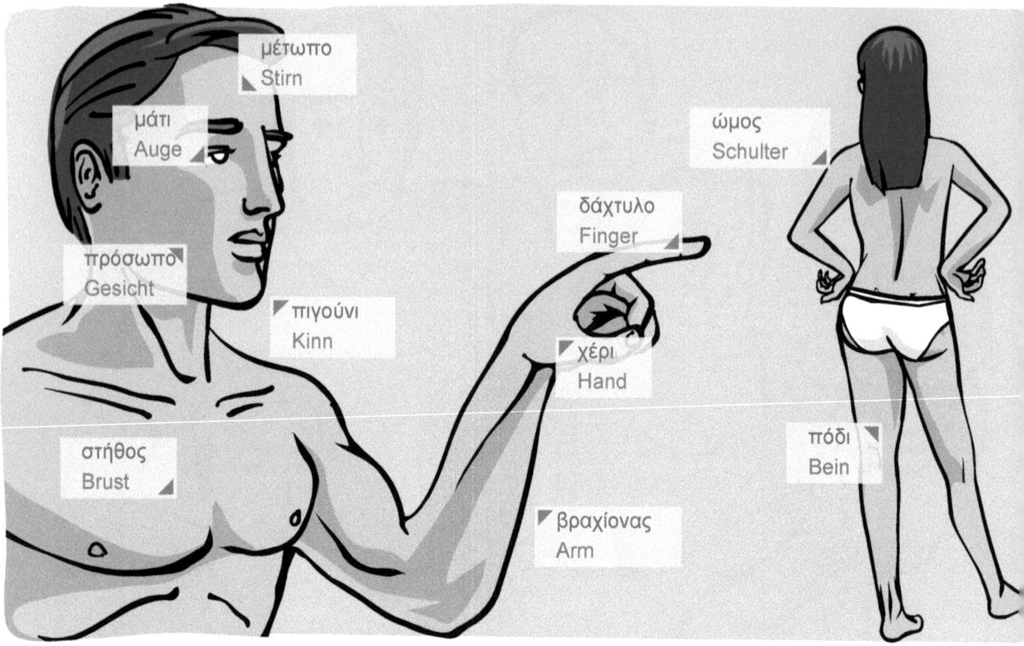

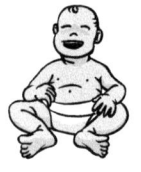

μωρό

Baby

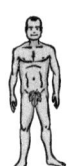

άνδρας

Mann

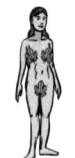

γυναίκα

Frau

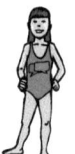

κορίτσι

Mädchen

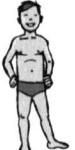

αγόρι

Junge

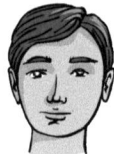

κεφάλι

Kopf

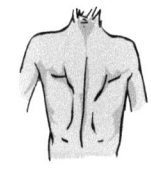

πλάτη

Rücken

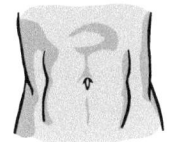

κοιλιά

Bauch

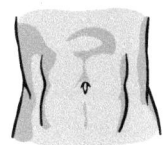

αφαλός

Nabel

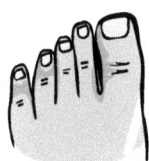

δάχτυλο ποδιού

Zeh

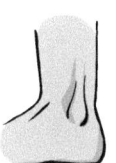

φτέρνα

Ferse

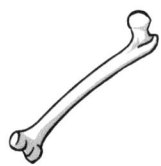

κόκκαλο

Knochen

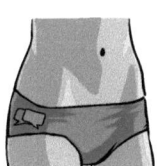

γοφός

Hüfte

γόνατο

Knie

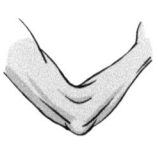

αγκώνας

Ellbogen

μύτη

Nase

γλουτός

Gesäß

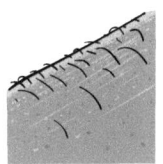

δέρμα

Haut

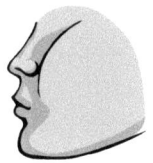

μάγουλο

Wange

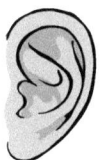

αυτί

Ohr

χείλος

Lippe

σώμα - Körper

στόμα

Mund

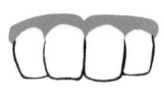

δόντι

Zahn

γλώσσα

Zunge

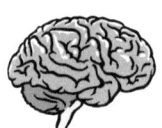

εγκέφαλος

Gehirn

καρδιά

Herz

μυς

Muskel

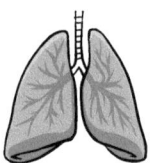

πνεύμονας

Lunge

συκώτι

Leber

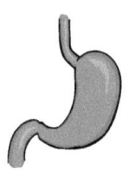

στομάχι

Magen

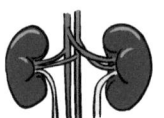

νεφρά

Nieren

σεξουαλική επαφή

Geschlechtsverkehr

προφυλακτικό

Kondom

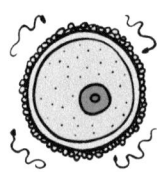

ωάριο

Eizelle

σπέρμα

Sperma

εγκυμοσύνη

Schwangerschaft

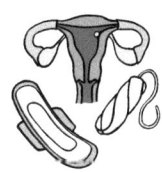

περίοδος

Menstruation

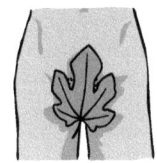

γυναικείος κόλπος

Vagina

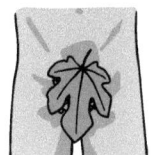

πέος

Penis

φρύδι

Augenbraue

μαλλιά

Haar

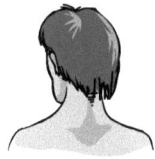

λαιμός

Hals

νοσοκομείο
Spital

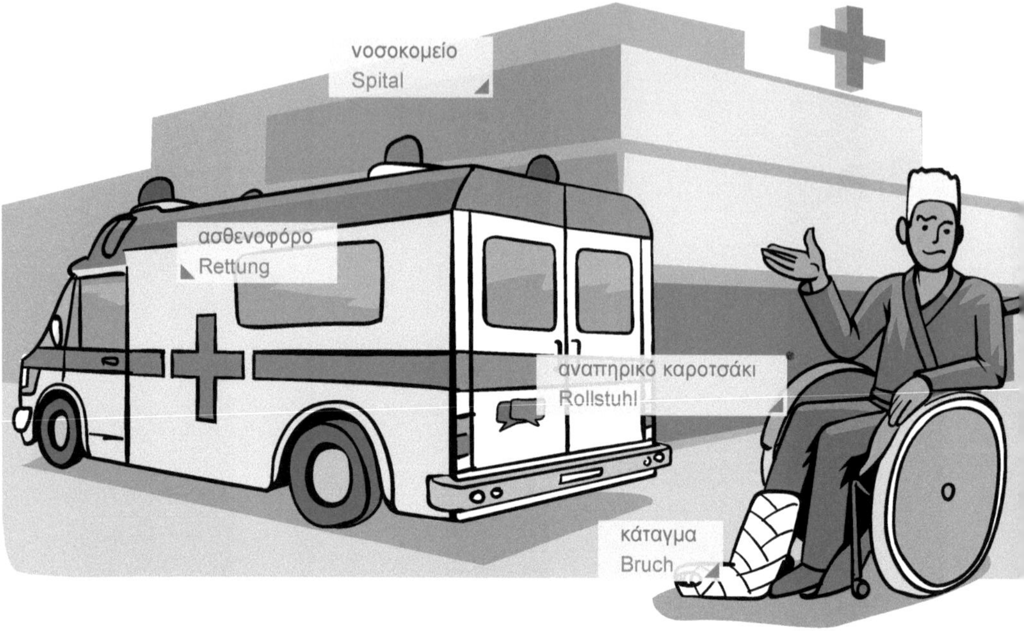

νοσοκομείο
Spital
ασθενοφόρο
Rettung
αναπηρικό καροτσάκι
Rollstuhl
κάταγμα
Bruch

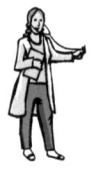

γιατρός

Ärztin

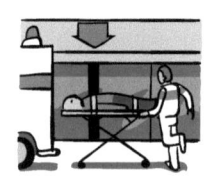

μονάδα εντατικής θεραπείας

Notaufnahme

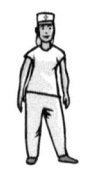

νοσοκόμα

Krankenschwester

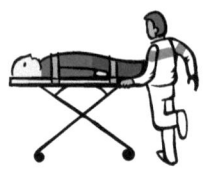

έκτακτη ανάγκη

Notfall

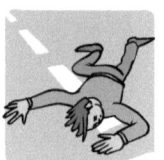

λιπόθυμος

ohnmächtig

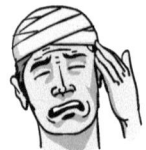

πόνος

Schmerz

τραύμα
Verletzung

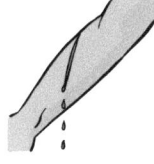

αιμορραγία
Blutung

έμφραγμα
Herzinfarkt

εγκεφαλικό
Schlaganfall

αλλεργία
Allergie

βήχας
Husten

πυρετός
Fieber

γρίπη
Grippe

διάρροια
Durchfall

πονοκέφαλος
Kopfschmerzen

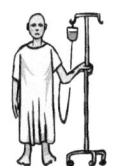

καρκίνος
Krebs

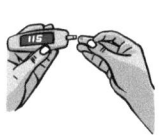

διαβήτης
Diabetes

χειρουργός
Chirurg

νυστέρι
Skalpell

εγχείρηση
Operation

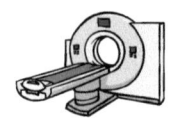

αξονική τομογραφία

CT

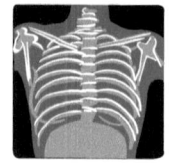

ακτινογραφία

Röntgen

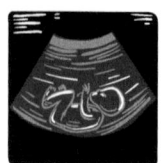

υπέρηχος

Ultraschall

μάσκα

Maske

ασθένεια

Krankheit

αίθουσα αναμονής

Wartezimmer

πατερίτσα

Krücke

χάνσαπλαστ

Pflaster

επίδεσμος

Verband

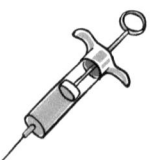

ένεση

Injektion

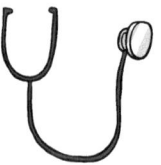

στηθοσκόπιο

Stethoskop

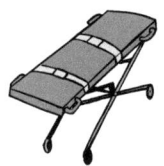

φορείο

Trage

θερμόμετρο

Thermometer

γέννηση

Geburt

υπέρβαρο

Übergewicht

ακουστικό βαρηκοΐας

Hörgerät

αντισηπτικό

Desinfektionsmittel

λοίμωξη

Infektion

ιός

Virus

HIV/AIDS

HIV / AIDS

φάρμακο

Medizin

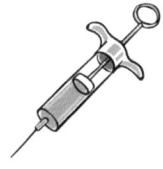

εμβολιασμός

Impfung

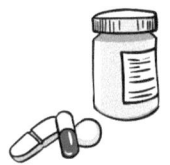

δισκία

Tabletten

χάπι

Pille

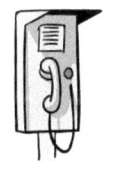

κλήση έκτακτης ανάγκης

Notruf

πιεσόμετρο αίματος

Blutdruckmesser

άρρωστος / υγιής

krank / gesund

Βοήθεια! Hilfe!	 συναγερμός Alarm	 βιαιοπραγία Überfall
 επίθεση Angriff	 κίνδυνος Gefahr	 έξοδος κινδύνου Notausgang
Φωτιά! Feuer!	 πυροσβεστήρας Feuerlöscher	 ατύχημα Unfall
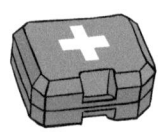 κουτί πρώτων βοηθειών Erste-Hilfe-Koffer	 SOS SOS	 αστυνομία Polizei

Ευρώπη

Europa

Βόρεια Αμερική

Nordamerika

Νότια Αμερική

Südamerika

Αφρική

Afrika

Ασία

Asien

Αυστραλία

Australien

Ατλαντικός Ωκεανός

Atlantik

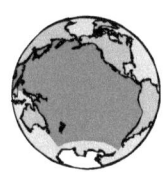

Ειρηνικός Ωκεανός

Pazifik

Ινδικός Ωκεανός

Indische Ozean

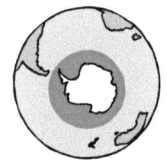

Ανταρκτικός Ωκεανός

Antarktische Ozean

Αρκτικός Ωκεανός

Arktische Ozean

Βόρειος Πόλος

Nordpol

Νότιος Πόλος

Südpol

Ανταρκτική

Antarktis

Γη

Erde

γη

Land

θάλασσα

Meer

νησί

Insel

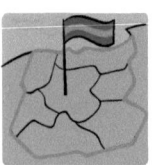

έθνος

Nation

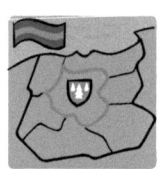

πολιτεία

Staat

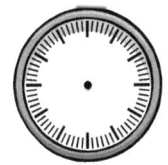

καντράν ρολογιού

Ziffernblatt

ωροδείκτης

Stundenzeiger

λεπτοδείκτης

Minutenzeiger

δείκτης δευτερολέπτων

Sekundenzeiger

Τι ώρα είναι;

Wie spät ist es?

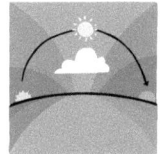

ημέρα

Tag

χρόνος

Zeit

τώρα

jetzt

ψηφιακό ρολόι

Digitaluhr

λεπτό

Minute

ώρα

Stunde

εβδομάδα
Woche

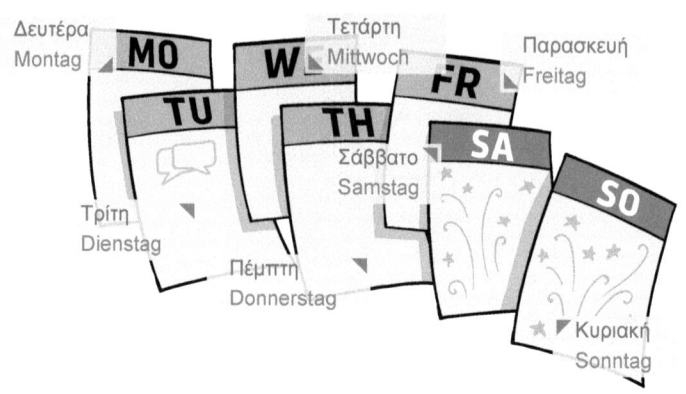

Δευτέρα
Montag

Τρίτη
Dienstag

Τετάρτη
Mittwoch

Πέμπτη
Donnerstag

Παρασκευή
Freitag

Σάββατο
Samstag

Κυριακή
Sonntag

χθες
gestern

σήμερα
heute

αύριο
morgen

πρωί
Morgen

μεσημέρι
Mittag

βράδυ
Abend

εργάσιμες ημέρες
Arbeitstage

Σαββατοκύριακο
Wochenende

80   εβδομάδα - Woche

βροχή
Regen

ουράνιο τόξο
Regenbogen

άνεμος
Wind

χιόνι
Schnee

άνοιξη
Frühling

φθινόπωρο
Herbst

καλοκαίρι
Sommer

χειμώνας
Winter

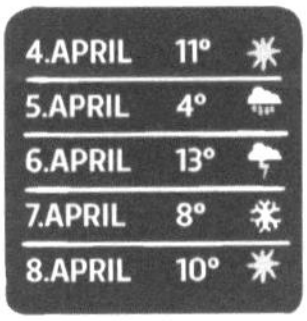

4.APRIL	11°	☀
5.APRIL	4°	☁
6.APRIL	13°	☁
7.APRIL	8°	☀
8.APRIL	10°	☀

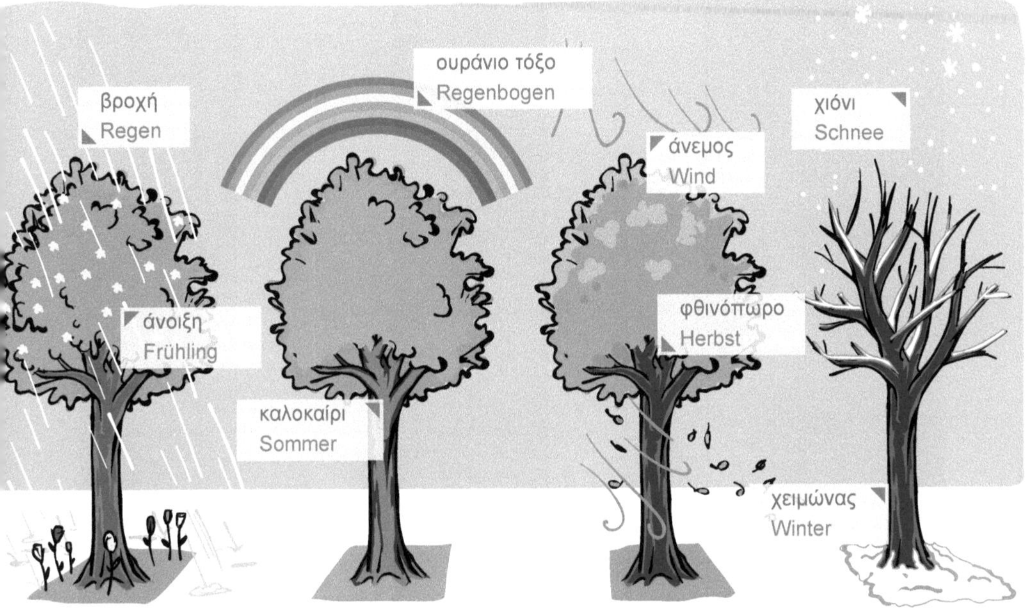

πρόγνωση καιρού

Wettervorhersage

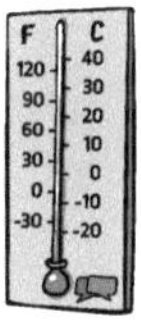

θερμόμετρο

Thermometer

λιακάδα

Sonnenschein

σύννεφο

Wolke

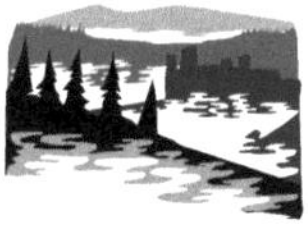

ομίχλη

Nebel

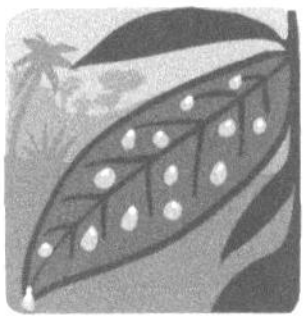

υγρασία

Luftfeuchtigkeit

αστραπή

Blitz

κεραυνός

Donner

καταιγίδα

Sturm

χαλάζι

Hagel

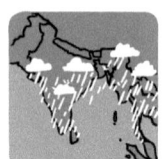

μουσώνας

Monsun

πλημμύρα

Flut

πάγος

Eis

Ιανουάριος

Jänner

Φεβρουάριος

Februar

Μάρτιος

März

Απρίλιος

April

Μάιος

Mai

Ιούνιος

Juni

Ιούλιος

Juli

Αύγουστος

August

έτος - Jahr

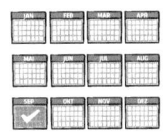

Σεπτέμβριος

September

Οκτώβριος

Oktober

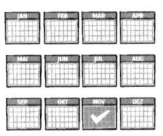

Νοέμβριος

November

Δεκέμβριος

Dezember

σχήματα
Formen

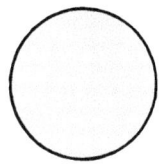

κύκλος

Kreis

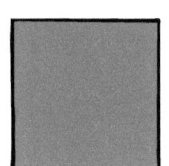

τετράγωνο

Quadrat

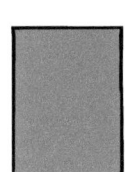

ορθογώνιο
παραλληλόγραμμο
Rechteck

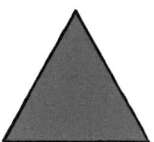

τρίγωνο

Dreieck

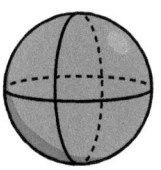

σφαίρα

Kugel

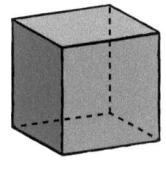

κύβος

Würfel

άσπρο

weiß

κίτρινο

gelb

πορτοκαλί

orange

ροζ

pink

κόκκινο

rot

μωβ

lila

μπλε

blau

πράσινο

grün

καφέ

braun

γκρι

grau

μαύρο

schwarz

πολύ / λίγο

viel / wenig

θυμωμένος / ήρεμος

wütend / friedlich

όμορφος / άσχημος

hübsch / hässlich

αρχή / τέλος

Anfang / Ende

μεγάλος / μικρός

groß / klein

φωτεινός / σκοτεινός

hell / dunkel

αδελφός / αδελφή

Bruder / Schwester

καθαρός / λερωμένος

sauber / schmutzig

πλήρης / ατελής

vollständig / unvollständig

ημέρα / νύχτα

Tag / Nacht

νεκρός / ζωντανός

tot / lebendig

φαρδύς / στενός

breit / schmal

βρώσιμος / μη βρώσιμος

genießbar / ungenießbar

κακός / ευγενικός

böse / freundlich

ενθουσιασμένος / βαριεστημένος

aufgeregt / gelangweilt

παχύς / λεπτός

dick / dünn

πρώτος / τελευταίος

zuerst / zuletzt

φίλος / εχθρός

Freund / Feind

γεμάτος / άδειος

voll / leer

σκληρός / μαλακός

hart / weich

βαρύς / ελαφρύς

schwer / leicht

πείνα / δίψα

Hunger / Durst

άρρωστος / υγιής

krank / gesund

παράνομος / νόμιμος

illegal / legal

έξυπνος / χαζός

gescheit / dumm

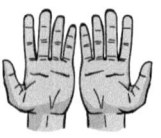

αριστερός / δεξιός

links / rechts

κοντινός / μακρινός

nah / fern

καινούριος /
μεταχειρισμένος
neu / gebraucht

τίποτα / κάτι
nichts / etwas

γέρος | νέος
alt / jung

αναμμένος / σβηστός
an / aus

ανοιχτός / κλειστός
offen / geschlossen

χαμηλόφωνος /
μεγαλόφωνος
leise / laut

πλούσιος / φτωχός
reich / arm

σωστός / λανθασμένος
richtig / falsch

τραχύς / λείος
rau / glatt

λυπημένος / χαρούμενος
traurig / glücklich

κοντός / μακρύς
kurz / lang

αργός / γρήγορος
langsam / schnell

υγρός / στεγνός
nass / trocken

ζεστός / δροσερός
warm / kühl

πόλεμος / ειρήνη
Krieg / Frieden

αντίθετα - Gegenteile

0	**1**	**2**
μηδέν	ένα	δύο
null	eins	zwei

3	**4**	**5**
τρία	τέσσερα	πέντε
drei	vier	fünf

6	**7**	**8**
έξι	εφτά	οκτώ
sechs	sieben	acht

9	**10**	**11**
εννιά	δέκα	έντεκα
neun	zehn	elf

12

δώδεκα

zwölf

13

δεκατρία

dreizehn

14

δεκατέσσερα

vierzehn

15

δεκαπέντε

fünfzehn

16

δεκαέξι

sechzehn

17

δεκαεφτά

siebzehn

18

δεκαοκτώ

achtzehn

19

δεκαεννέα

neunzehn

20

είκοσι

zwanzig

100

εκατό

hundert

1.000

χίλια

tausend

1.000.000

εκατομμύριο

Million

Αγγλικά

Englisch

Αμερικάνικα Αγγλικά

Amerikanisches Englisch

Μανδαρίνικα Κινέζικα

Chinesisch (Mandarin)

Χίντι

Hindi

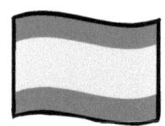

Ισπανικά

Spanisch

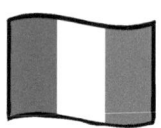

Γαλλικά

Französisch

Αραβικά

Arabisch

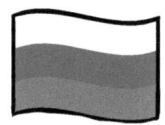

Ρώσικα

Russisch

Πορτογαλικά

Portugiesisch

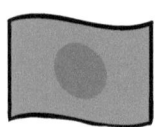

Μπενγκάλι

Bengalisch

Γερμανικά

Deutsch

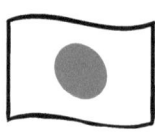

Ιαπωνικά

Japanisch

εγώ

ich

εσύ

du

αυτός / αυτή / αυτό

er / sie / es

εμείς

wir

εσείς

ihr

αυτοί / αυτές / αυτά

sie

ποιος / ποια / ποιο;

Wer?

τι;

Was?

πώς;

Wie?

πού;

Wo?

πότε;

Wann?

όνομα

Name

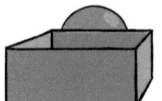

πίσω

hinter

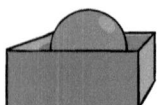

μέσα

in

μπροστά

vor

πάνω από

über

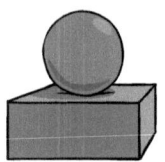

πάνω

auf

κάτω

unter

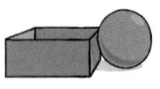

δίπλα

neben

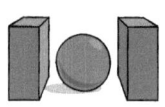

ανάμεσα

zwischen

μέρος

Ort